THE MAX STRATEGY

HOW A BUSINESSMAN GOT STUCK AT AN AIRPORT AND LEARNED TO MAKE HIS CAREER TAKE OFF

仕事は楽しいかね？

新版

DALE DAUTEN
デイル・ドーテン
野津智子 訳

英治出版

THE MAX STRATEGY

How A Businessman Got Stuck At An Airport And Learned To Make His Career Take Off

by

DALE DAUTEN

ヒラリー、トレヴァー、ジョエルに捧げる

子どもはみな、生まれながらに芸術家だ。
問題はいかにして芸術家であり続けるかということだ。
——パブロ・ピカソ

読めばすぐ実践できるすばらしいアイデアにあふれた本だ。
だが、本書がユニークなのは、単なるアイデア本で終わっていないということ。
何と言っても、ストーリーが面白い。
結末を読み終えてしまうのが残念になるほどだ。

――デイヴ・トーマス
ハンバーガーチェーン、ウェンディーズ創設者

あなたの人生を一瞬にして変えるアイデアとツールにあふれた本だ。

――ケン・ブランチャード
『1分間マネジャー』などの著者

仕事は楽しいかね？［新版］——もくじ

本書は２００１年に発行された
『仕事は楽しいかね？』（きこ書房）の復刊・新版である。
２０１４年に著者がアップデートした原稿にもとづき、
本書の内容にも改訂を加えた。

第1章

仕事は楽しいかね？

不思議なことに、不運は得てして好運に変わり、好運は得てして不運に変わる。好運も不運も、私はもはやあまり信じなくなっている。あるのはただ、巡り合わせだけだ。

たとえば、最初は人生最悪と思うほどだったある夜のこと。

私はシカゴから飛行機で帰路につこうと思っていたが、オヘア空港は、吹雪のために閉鎖されてしまっていた。まったく、5月だというのに、空港の外では猛烈な風と雪が吹き荒れていたのである。

吹雪といってもシカゴにしてはそれほどではなかったが、除雪機は夏に向けてすでに倉庫に片付けられており、滑走路の雪を取り除くのは翌朝になるということだった(文字にするとどこか作り話のようだが、たしかに私たちはそう説明された)。

空港が閉鎖された理由が何であれ、ともかく私は愛しのオヘア空港のターミナルビルの一つに、26時間閉じ込められることになった。

そのときは、好運だなどとは少しも思えなかった。私は3日前から仕事でシカゴに来ていたが、最後の会合をサボり、妻と娘と夕食を外でとれるよう、午後の早い便に乗って帰宅しようと思っていたのである。

ところが実際には、私は空港にいて、何千もの不機嫌そうなビジネスパーソンと騒がしい親子連れに取り囲まれていた。

家族とレストランで夕食を楽しむ代わりに、スーツを着て床に座り込み、バッグにもたれかかって、棒付きキャンディー――ニューススタンド（新聞・雑誌の売店）にあった最後の一つだ――を舐めるともなく舐めていたのだ。

ふてくされたような思いでキャンディーを舐めながら、私は一人の老人が子どもたちと遊んでいるのに目をやった。子どもたちは老人の連れという感じではない。どうやら、ターミナルにいる就学前の子どもたちのために、老人がお遊戯係を買って出たらしい。

年齢は70歳前、恰幅《かっぷく》がよく、格子縞のズボンにポロシャツとループタイといった格好で、ふらりふらりと歩いている。

私の陰鬱《いんうつ》な心境からすれば、子どもをカートに乗せてなんかいないで、静かに余生の

ことでも考えてろよ、と言いたいところだった。

しかし、老人は相変わらず子どもたちと一緒になって、カートをあっちへこっちへと押し続けている。老人と子どもたちのすることなすことに、人々は声をあげて笑った。老人が笑うと大きな口が開いて、歯が丸見えになった。

私は、一人静かにムスッとしていられるように、老人が幼い子どもたちをこの場から連れ出してくれればいいのにと思った。

やがて、老人は息を切らしてしまった。そしてどこへ向かったか。

なんとまっすぐ、私のほうへ向かってきたのである。まるで、その場にいるネコ嫌いの中から、たった一人に狙いを定めたネコのように。老人は壁にもたれて腰を下ろすと、ハンカチで汗を拭い、あえぎあえぎ言った。「やあ、やあ、こんにちは」

それから、私が返事をする前に、知り合ったばかりの小さな友だちのことを話し出した。あの子は6人兄弟でね、あっちの子は手首を骨折してギプスをしてるんだ、という具合に延々と。

老人がひと呼吸入れ、口を閉ざした。と思うと、今度はどこが面白いのかさっぱりわからないジョークを、いくつか披露し始めた。いまでも覚えているのが一つだけある。

「布教のために人々の家を訪ねてまわる教派の人と、そういうことをしない教派の人を掛け合わせると、どんな人になると思う？　答えは、理由もないのに人々の家をノックしてまわる人だよ」

それから老人は私に質問し始めた。妻のこと、娘のこと、住んでいる街のことを、根ほり葉ほり。仕事のことも聞いてきた。何を、どこで、どんなふうにしているのか。

私は質問のいくつかには答えたが、いくつかは上手にはぐらかした。しかし老人はうまくはぐらかしきれないほど次から次へと聞いてくる。最後にはこう言って私をギクリとさせた。


「仕事は楽しいかね？」

もう夜も更けかけており、疲労といらだちがそうさせたのか、私は胸の底にある苦々しい思いを、今日出会ったばかりの老人に話し出した。自分が何を言っているか自覚するより前に、私は気づかぬふりをしようとしてきた憤懣《ふんまん》を、そして塵《ちり》のように胸に積もった失望感を、洗いざらいぶちまけていた。

「私はいま35歳です」

そう言って、話を始めた。

「勤め出して、ほぼ15年になります。この15年の間に、何を誇れるようになったのか。何を達成したと言えるのか。私に言えるのはこれだけです。

『福利厚生は悪くない』

だから何だ、と思います。私は真面目に、一生懸命に働いてる。仕事だって、手際よくきちんとこなしてきた。なのに一向に出世できない。そのことに不満を漏らしたとしても、こう言われるのが落ちです。『仕事があるだけいいじゃないか』。黙って感謝しろって？ それじゃまるで、生きているというのはまだ死んでいないこと、と言わんばかりじゃないですか」

私は口をつぐみ、老人をじっと見た。私と近づきになるのはごめんだと思ってるんじゃないだろうか。別に、構いはしないが。

しかし老人は、うんざりしたような表情などみじんも浮かべていなかった。それどころか、学者のように目を輝かせ、白髪まじりの頭を小さく縦に振って、先を続けるように私を促した。

「同僚はみんな、いい奴です」

私は続けた。

「問題は人じゃない。仕事そのものでもない。別に激務ってわけじゃありませんし。それに仕事は仕事。割り切ってますから。私は週に40～50時間働いています。来週も、その次の週も。そうやってまた1年が過ぎていく。なのに昇給はといえば、スズメの涙。

みんなと同じように私も、八方塞がりの気分です。世の中がもっと悪くなるだろうとは思えても、はるかによくなっていくとは思えない。この国の産業の絶頂期が過ぎたことはだれもが知っているんです。過去最高だったと思われる求人市場は2010年までに終わり、なぜか私は裕福にも有名にも、いや考えてみれば、幸せにもならなかった。いまでは恐ろしい企業再編の話を耳にしない日はありません。失業中だという友だちが、だれにでも一人くらいはいるでしょう。

そんなわけで私は、うんざりすると同時に不安も覚えます。人生を、札束から1枚また1枚と紙幣を抜き取るように無為に過ごしてはいけないと思うときもあります。チャンスをつかみ、大胆かつ勇敢になって、夢に向かって生きなければと思うのです。最新の自己啓発書を買い、新たな夢を実現しようと考えることもあります。目標を定め、起業のための貯蓄を始めよう、とも。

けれど、一か八かの賭けなんて冗談じゃないと思っている妻と、2人の子ども、住宅ローン、そのほかもろもろの義務を背負った身では、思いどおりにいくものではありません。つまるところ私は、退屈で、正当に評価されない、創造性に欠ける人生を生きているんです」

沈黙が続く間、私は、かつて自分の会社を興したときのことを老人に話そうかどうか考えた。友人には物笑いの種にされてしまっている話だ。彼らは、計画段階での私の入れ込みようを思い出しては、私の描いていた甘い予測を笑うのである。この話題はふだんは避けるのだが、話がその方向に行きかけていたので、先を続けることにした。

「前に一度、自由を切り開こうとしたことがあります。友人と3人で金を出し合い、小さな事業を始めようとしたのです。ウェブサイト開発の会社でした。私は出資者の1人。友人の一人が段取りをつけてくれました。計画では、軌道に乗ったら事業を拡大して、3人ともフルタイムで働くつもりでした」

「それで、どうなったのかね」

相変わらず熱心に、老人が尋ねた。

「元手はふいになりました。それでもあきらめようとせず、私たちはさらに金をつぎ込んだのです。私は貯金を使い果たしました。2人の友人も、夢も、なくしました。何もかも失ってしまったとき、みんなどう言ったと思います？

『それでも、まだちゃんと仕事があるじゃないか』」

「何年か経ったら、もう一度やってみようという気力が湧いてくるかもしれません」

冷めた調子で私は言った。

「しかし、再挑戦するだけの資金が果たしてあるかどうか、わかりません。いまの職場を解雇されたときに備えて、蓄えておかなきゃならない。なにせ数カ月単位でいろんな噂《うわさ》の飛び交うご時世ですから。それに、子どもを大学まで通わせるのにいくらかかるかという証券会社の広告を見るたび、まだ何の蓄えも始めていない自分が間抜けに思えます。それから退職金積立も。待った。定年退職？ きっと定年になってやっと、『少なくとも私には仕事がある』なんて言わずに済むようになるんでしょう。そして代わりに言うんだ。『少なくとも、私はまだ死んでいない』」

ようやく私は口をつぐんだ。言いすぎた。老人はおそらく会社を定年退職し、だから親身に耳を傾けようとしてくれているのに。老人に私の抱えている問題をぶちまけるべきではなかった。それで私は詫《わ》びた。

老人は相変わらず新種の草花を目の前にした植物学者のように私をじっと見つめていたが、私の謝罪を無視してこう尋ねた。「他人は何のためにいるんだろう」

皮肉に聞こえかねない台詞《せりふ》だ。だが、この老人はそんな意味で言ってはいなかった。彼の表情は思いやりにあふれていた。私は、いらだちを隠そうともしなかった自分を恥じた。

老人が何か話しかけたちょうどそのとき、子どもたちに見つかってしまった。子どもたちは、あのいまいましいカートを、また1台見つけ出していた。

勘弁してくれよと笑いながら、老人は子どもたちに引っ張られて立ち上がった。振り返り、大きな手を私の肩におく。彼の持つ生の喜びがひとかけら落とされたみたいで、ゾクッとなる。

それから老人は、全員合わせても彼の年齢に及ばないだろう7、8人の子どもたちと、踊るように去っていった。私は本を広げたが、何か熱いものが体の中でうずいて仕方がなかった。

少しして、また知らない人が現れた。今度は若い女性だった。

彼女は私の前にひざをつき、すごい速さで進んでいくカートを指差した。「あなた、あの方のお連れ様?」

頬を紅潮させ、そう尋ねる。

「まさか」と私は答え、あか抜けた都会人がループタイに格子縞のズボンなどというなりの老人と旅しているわけがないでしょうと、クスッと笑った。

「まあ、残念」

女性は心底がっかりした様子だった。私が訝《いぶか》しく思っているのを察したのだろう。こう聞かれた。「あの方を、ご存じないの？」

そして私は、あの変わり者の老人が発明家、起業家として大変な成功を収めていることを知った。女性は老人の名も教えてくれた。

マックス・エルモア。

聞き覚えのない名だったが、実は大勢の実業家や政治家が彼を友人だと考えているのだという。

どれほど、しまったと思ったことだろう。老人の英知をいささかなりと吸収するチャンスだったのに、私は自分のサラリーマン人生について愚痴をこぼしてばかりだった。

名刺すら渡さなかった。ブリーフケースにしまった履歴書はなおさらだ。そして、もし彼がここへ戻ってきたとしても――戻ってくるはずはないが――、与えてしまった印象をもはや取り消すことはできない。なんてツイてないんだ、と私は思った。

第2章

人生とは、くだらないことが
一つまた一つと続いていくのではない。
一つのくだらないことが
、、、
何度も繰り返されていくのだよ。

1時間ほどしたころ、驚いたことに老人が戻ってきた。さっきと同じように、壁に背をもたせかけ、そのまま滑るように座り込んで、ゼェゼェとオーバーに息を切らしてみせる。最初に会ったときにろくなことを言わなかったので、今度の会話でもう一度チャンスをもらえないかと媚《こ》びても無駄に違いない。私は、彼にとことん話してもらい、学べる限りのことを学ぼうと思った。

「ずっときみのことを考えていた」。私には読み取れない表情を浮かべて、彼が言った。

「きみの話を聞いていて、経済的な変化が個人にどんな影響を与えるかがわかった。もっとも、いい影響がもたらされたという話は聞いたことがないがね」

どうやら、何らかの点でほめられているらしいと思った。たしかに、くだくだと愚痴を並べることにかけては、私は世界でも一流かもしれない。

老人は子どもたちの一人にバイバイと手を振って、話を続けた。

「子どもたちに老いぼれの体にぶら下がられながら、きみの言ったことをよく考えてみた。2つの考えが浮かんだ。一つはだれかが言った言葉だ。たしかエドナ・セント・ヴィンセント・ミレーだったと思う」

「人生とは、くだらないことが
一つまた一つと続いていくのではない。
一つのくだらないことが
何度も繰り返されていくのだよ」

老人は馬かと思うような独特の笑い声をあげた。「もう一つ」、笑いながら先を続ける。

「思いもかけない単語が浮かんだ。もう何十年も耳にしない単語だ。きみには想像もつかないんじゃないかな」

「『ナウい』とか？」

「なるほどね！」老人の太い声が響いた。「そいつはいい、だが『ナウい』じゃない。それはね、『スタグフレーション』だ。知っているかね？」

知らないはずがなかった。どうにかよい印象を持ってもらえたことに、私は「気抜け《スタグネーション》」と「得意げな気持ち《インフレーション》」が合わさった状態になっていたのだから。

老人は続けた。

「なぜスタグフレーションという言葉が思い浮かんだかというと、この言葉ができるまでずっと、経済学者たちが、インフレと景気停滞は同時には存在しないと主張し続けていたからだ。起きるのはインフレか景気停滞かのどちらかであって、両方がいっぺんに起きることはない、とね。

だけどきみの話から、この国の経済が新たな双子の要素を生みだしたことがわかった。

今度の双子は社員レベルで生まれている。『退屈』と『不安』という双子だ。きみは、この2つは同時には生じないと思うだろう。だけど違う。人々は、したくもない仕事をし、同時にそれを失うことを恐れているんだ」

私たちはもう少し話をし、最後に彼は現代の状況を職業的スタグフレーションと名付けた。かつての社員は、責任が重くなればその分、報酬も増えた。しかし近ごろでは、ますます多くのものが要求されるのに、給料はあがらなくなっているのである。

私は話の方向をマックス自身のことに向けようとしたが、彼は私に矢継ぎ早に質問をした。とりわけ、単調な毎日から抜け出し、やりがいのある仕事を見つけるために私が起こした行動に、とても興味を持ったようだった。

彼は私のブリーフケースのそばに腰を下ろし、大判のメモ帳《リーガルパッド》を貸してもらえるかと尋ね、それから自分の上着から安物のペンを取り出して、メモを取る用意をした。正直に言おう。企業のトップたちの友人たる彼がそんなふうに興味を抱いてくれることに、私は感動していた。

「きみの考える、成功のための戦略を話してくれ――よりよくなるためのきみの理念を」。マックスが強い調子で尋ねた。

自己啓発書は山ほど読んできたが、これぞという戦略はなかった。理念などは、なおのことない。

それで、感銘を受けた本の内容を話した。彼はそれをタイプ別に2つの枠に書き入れ、20世紀後半の自己啓発の英知を1枚の紙に要約した。

1つ目の大きな枠のほうは、「目標の設定」だった。ここに私たちは、珍しくもない考え方の月並みな言葉を次々に並べた。たとえば、「目的地を知らなければ到達することはできない。彼方の目標をしっかり見定めること。そうすれば、人生に望むものを人生から得ることができる。自分の人生をきちんと管理すること」といったような。

2つ目の枠は「生きる姿勢を変える」ことに関するものだった。「新しい自分を築く」という見出しを提案したことに、少々得意になる。ここには、ネガティブな信念（「マイナス思考」や「頑固な石頭」）を排除する考え方が並んだ。

それから私たちは、制限的な思い込みを捨てて、成功やパワー、エネルギー、懸命さといったポジティブな姿勢を連想する考え方をあげていった。

最後に私はこの言葉を言った。「わかりきっていることを手間暇かけてやり直すことはない――他人の成功を範として自分の成功を生み出す」

　私が言い終えると、老人も書き終え、大判のメモ帳《リーガルパッド》を私のほうへ向けてこう尋ねた。

「これでいいかね？　これが成功のための最良の考え方を要約したものかね？」

　そうです、と答える。

「よく見える場所にこれを貼っておきなさい」。命令するような口調だった。

「バスルームの鏡か冷蔵庫か机の横がいい。ただ、渡す前にしておきたいことがある」

　そう告げると彼はペンをとり、紙に大きく×印をつけた。これまで書き連ねてきた言葉の上に、でかでかと。

第3章

試してみることに失敗はない。

巨大な✕をつけたページを私に手渡すと、マックスは2枚目に大きな文字で短い文を書いた。

そのページをはがし、私に渡して言う。「これを1枚目の横に貼っておくこと。いいね?」それから彼は人をかき分けるように歩いていき、航空会社の職員を呼びとめ、大股に去っていった。2枚目には、こう書いてあるようだった——

「試してみることに失敗はない」

第4章

「明日は今日と違う自分になる」だよ。

私がどれほど困惑したか、読者のみなさんにはおわかりいただけると思う。ビジネスの達人、それも、私が出会った過去最高の達人が、成功の秘訣として私の知るあらゆることに✕をつけ、代わりに、「試してみることに失敗はない」などという、それほど説得力があるわけでもない言葉を提示したのだ。

ふと気づくと、空港は静けさに包まれ始めていた。ロビーの天井の明かりがあらかた消され、窓の向こうに飛行場の赤や青や濃い黄色のライトに透けて雪が舞うのが見える。人々はかばんにもたれて、浅い眠りにつき始めていた。しかし私は違った――すっかり目が冴《さ》えて、いままでにどんなことを試して失敗したかを思い返していた。

ありがたいことに、やがてマックスが戻ってきた。もし戻ってこなかったら、私はこの先ずっと、だれかが「目標」や「試す」という言葉を口にするたび、当惑する羽目になっていたに違いない。

どこで手に入れたのか、マックスは2人分のホットドッグとコカ・コーラを手にしていた。私は「試す」ことについて尋ねようとしたが、彼はさっき会った空港の職員の経歴がどうのと言って話をはぐらかし続けた。

やっとのことで「試してみることに失敗はない」へ話を向けると、彼は言った。「その前のページに書いたこと、つまり、いまきみが『成功のための戦略』だと思っていることについて、まず話し合うべきじゃないかな」

言われるままに私が1枚目の紙を取り出すと、彼は最初の項目、すなわち目標設定の欄にあらためて目を通した。

そして、こう話し出した。

「僕はこれまで、仕事上のあらゆる問題は情熱があれば解決すると繰り返してきた。それはたしかにそうなんだ。大好きな仕事をしているなら、人は何時間働いても苦にならないし、問題を解決する熱意にあふれているのは、創造力に満ちてる証拠だしね。懸命さと創造力があれば、どんなこともうまくいく。だから、みんなと同じアドバイスを僕もしてきた。『大好きなことをしろ!』とね。

いいアドバイスには違いない。だけどこれには一つ問題がある。多くの人は、自分がどんな仕事が大好きか、どういう仕事をこの先ずっと、毎日、朝から晩までしたいか、わからないということだ。そりゃあ、テニスが好きかもしれないし、もしそうなら世界でも一流の選手になりたいと思うだろう。だけどテニスのスター選手になって活躍するなんて、自分の能力を超えてるとわかってる。だとしたら、好きだと自覚したところでどうなるだろう。たいていの人は、自分には夢中になれるものがないということを、なかなか認めない——だから情熱を陳腐なもののように扱ってしまう。そしてこう言うんだ。『どんなものに夢中になれるかはわからないが、ほかの人と一緒に働くことが好きなのはたしかだ』」オーバーに、マックスがため息をつく。「きっと、論外だと思う仕事は、アフリカへ行ってチンパンジーと暮らすことだけなんだろうね」

私が笑いを引っ込めると、彼は続けた。

「みんなこう言ってこの問題から目をそらす。『どんな仕事をしたいか、大人になっても、やっぱりわからない』」

マックスはしばし天井を見やり、私は黙って先の言葉を待った。彼はどこか悲しげだったが、話を続けた。

「でも、そんな人たちをだれが責められるだろう。ほとんどの人は、仕事への情熱を目の当たりにしたことがない。子どものころにしても、親が熱心に関わってきた課外活動は、スポーツだけだ。やがて子どもは、自分はプロのスポーツ選手にはなれそうにないと気づき、心にぽっかりと穴があく。多くの場合、その穴が埋まることは決してない。折に触れて、僕は思うんだ――もし親が、子どものスポーツに向けているエネルギーを、代わりに音楽や語学や科学に注いだら、社会はどんなふうに変わるだろうって」

彼はまるで考えを払い落とすかのように、頭を振った。

「話が横にそれちゃったね。僕が伝えたいのは、理想の仕事についてちゃんとした考えを持っていないなら、物足りなさや取り残されたような思いを抱くだろうってことなんだ。その反面、たとえこれぞと思う仕事に関して夢を持っているとしても、思い込みは禁物だ。アメリカの至るところで、人々は競うように精神分析医を訪ね、こうぼやいてる。

『ずっとしたいと思っていた仕事をしているのに、なぜかやっぱり幸せじゃないんです』。そういう人は、計画を立てることに依存しすぎてる。僕が『目標の弊害』と呼んでいる状態に陥ってるんだ」

元気を取り戻して、マックスがウィンクをした。

私が話を理解していないと思ったのだろうか。突然マックスは立ち上がり、ターミナルの中を歩こうと私を誘った。

「じっくり考えてみないとね」と話を始める。

「いくつか例をあげよう。具体的な名前入りで。

みんな、人生のある時点で
キャリアの目標を変えた人たちだ。

もし、彼らが昔の夢に執着し、『責任を引き受け、断念することを拒んで』いたらどうなっていたか、話してあげよう」

そしてマックスは、思いつくまま次から次へと名前をあげ、その人たちが昔の夢に固執していたらどうなっていたかを話し始めた。

伝説的なバスケットボール・コーチのジョン・ウッデンは、土木技師になっていただろう、とマックスは言った。さらにこう続けた。『アプレンティス』『サバイバー』などの番組を手がけたTVプロデューサーのマーク・バーネットは、英国陸軍特殊空挺《くうてい》部隊（SAS）での経験にこだわり、中央アメリカで軍事顧問になっていただろう。作家で詩人のマヤ・アンジェロウは、元々は専業主婦志望だった。最高裁判事のソニア・ソトマイヨールは、探偵になるのが若い頃の夢だった、と。

続く3人については、マックスはもっと詳しい話をした。

ソニー共同創業者の盛田昭夫は長男で、家業の造り酒屋を継ぐものと期待されていた。だが、第二次世界大戦後に科学の教員が不足し、しばらく物理を教えることになった。そんななか、海軍時代の友人から強力に誘われ、短波ラジオ用コンバーター製造会社の立ち上げを手伝うことになった（この会社が、ソニーの前身となる。社名は「東京通信工業株式会社」だったが結局、「Sonny Boy〈坊や〉」に由来する同社の商標を縮めた名が、最終的に会社の正式名称になった）。

ファッションデザイナーのヴェラ・ウォンは、フィギュアスケート選手としてオリンピックに出るという目標を持っていた。だが夢は叶わず、ファッションデザインを学び、やがて『ヴォーグ』誌で仕事を始めた。キャリアを積むが、編集長への昇進が見送られると退社し、ラルフ・ローレンでデザインディレクターの職を得る。のちに自分の結婚式の準備をしていた際、気に入ったウェディングドレスがなかなか見つからないという経験をする。これがきっかけとなり、父親の後押しも得て、ウェディングドレスのブティックをオープン。ここから、世界一流のデザイナーの仲間入りを果たすことになった。

そして、偉大な振付家のジョージ・バランシンは、きっと作曲家になっていただろう。

授業の一環で踊っていたが、やがて振付を依頼されることが増えていった。バランシンの自伝を書いたバーナード・テイパーによれば、キャリアの決断の際にバランシンが大切にしていた考えは、「行動に夢がついてくる」だったという。

マックスが続けて話す。「最後の『行動に夢がついてくる』という言葉に、きみは引っかかるかもしれないね。『SONY』と、不格好な『東京通信工業株式会社』という社名を比べてみよう。商標をSONYにするという行動が先にあり、そうしたら、社名をもっといいものにしたいという望みが叶った。

ヴェラ・ウォンの場合はどうだろう。夢はスケート選手になることだった。だが駄目だった。叶わなかった。次の夢は、雑誌の編集者になることだ。仕事は順調だったが、編集長にはなれず、また夢は叶わなかった。次の新たな夢は、単に雑誌でデザインを取り上げるだけでなく、みずからデザインをすることだった。これはうまくいき、父親から気前のいい申し出もあり、自分のブティックを持つことになった。

注目してほしいのは、彼女が並のブティックオーナーではなかったことだ。ラルフ・

ローレンと『ヴォーグ』での経験のおかげで、個性が際立っていた。狙ったのも、ウェディングドレスというニッチ市場だ。彼女は、起業しようと思っていただろうか。いいや。ウェディングドレスを専門に手がけるつもりだっただろうか。いいや。気づいたら、夢が叶ってた。気づいたら、ね。行動がまずあって、あとから夢がついてきたんだ。

計画を立てるのは夢を持つのとあまり変わらない。一方で、試すのは行動することに近い。計画を、まだ立てていないうちから実行してみること、と言ってもいいかな」

マックスの話は、妹が見つからないんです、という女性によって中断された。

気のいい老人は当たり前のように、一緒に捜しましょうと、私と捜索隊を結成してしまった。やがて妹が見つかると、マックスはまた目標設定の話を始めた。

「頭のいい人がするいちばん愚かな質問は、『あなたは5年後、どんな地位についていたいですか』というものだ。この40年間、僕は採用面接を受けたことがないけど、本当にありがたいと思うよ——どんな地位についていたいかなんて質問は、大嫌いなんだ。僕はこの先、いまとは違う人間になっていこうと思っている。だけど、いまから5年後にどんな人間になっていたいかはわからないし、どんな地位についていたいかなんて、なおのことわからないよ」

マックスは調子よく考えを述べたが、実際に役立つようには思えなかった。私は話をさえぎり、こう反論した。

「目標がなければ、進歩の度合いをはかることができません。それはつまり、軌道修正ができないということです。あなたの考えは単なる行き当たりばったりだ」

「あっちへ行ったりこっちでぶつかったりするのを馬鹿にしないでほしいな」。マックスは大声でそう言い、吠《ほ》えるような独特の笑い声をあげた。

「人生はあっちこっちぶつかるから楽しいんだよ！」

そして私の肩をつかみ、ぎゅっと力を入れた。「この先はけっこう難しい。とにかく僕の話をよく聞いてくれ……」

彼は話を続けた。「僕たちの社会では、時間や進歩に対して直線的な見方をしている。そういう見方を、学校でじわじわと浸透させるんだ――人生は、やるべき仕事や習得すべき技術や到達すべきレベルの連続です。目標を設定して、それに向かって努力しなさい、とね。だけど、そんな規則正しいものじゃないのが人生だ。それに、規則から外れたところでこそ、いろんな教訓を与えてくれるしね。人生は、学校の先生にとっては悪夢だろうね」

マックスはじっと私を見て、僕の言ってることがわかるかねと、目で問いかけてきた。

私はうなずいた。

彼は続けた。

「目標を設定すると、自己管理ができている気がするけど――」

そこで言葉を切る。そして、いまだ私が手に握りしめている「成功のための戦略」の紙を指差し、それを見るように促した。

「ここをごらん。戦略として、きみは『自分の人生をきちんと管理すること』と言ったね。ハハ！　人生はそんな扱いやすいものじゃない。僕は何をすべきかを人生に問わなくなった――どうせ、聞く耳を持っていないだろうしね」

私は何だか、マックスが何も達成しないための秘訣を披露しているような気がした。しかしそのことは口にせず、話の続きに耳を傾けた。

「たいていの人は、マンネリ化した生活から抜け出すために目標を設定する。だけど、いいかい、今日の目標は明日のマンネリなんだよ」
それから得意げに、同じ言葉をさらに大きな声で繰り返した。

「今日の目標は明日のマンネリ」

そして尋ねた。「僕がいままでに掲げた目標が一つだけある。聞きたいかね？」
ぜひ、と私は答える。

「『明日は今日と違う自分になる』だよ」

第5章

違うものがよりよいとは限らない。だが、よりよいものは必ず違っている。

私が納得していないと、マックスは見て取ったのだろう。

「きみは、そんなの簡単じゃないかと思っているかもしれないね」と、やんわりと言う。

判断がつかず、私は肩をすくめた。


「僕のたった一つの目標は、簡単なんてもんじゃない」

彼は続けた。

「毎日変わっていくんだよ？　それは、ただひたすら、よりよくなろうとすることだ。この言葉を書きとめておくといい。

違うものがよりよいとは限らない。
だが、よりよいものは必ず違っている。

人は違うものになって初めてよりよくなれる。それも、1日も欠かさず変わらないといけない。いいかい、これはものすごく大変なことだ。そう、僕が言ってるマンネリ打開策は簡単なんかじゃない。とんでもなく疲れる方法だ。だけどわくわくするし、活力に満ちた方法でもあるんだ」

私は口を挟みたかったが、マックスは自分の話に夢中で、諭すようにこんな話をした。

「人生は進化だ。そして進化の素晴らしいところは、最終的にどこに行き着くか、まったくわからないところなんだ。

きみは、最初に陸にあがった魚が長期にわたる目標を持っていたと思うかね？

その魚がこう考えた可能性が、はたしてあるだろうか。『ぼくが陸にあがれたら、いつか脚を使って歩く陸生の魚が生まれるかもしれない。やがては、その陸生の魚が車に乗ってショッピングモールに出かけ、シナボンに入ってシナモンロールを食べたりコーヒーを飲んだりするようになるかもしれない』」

マックス・エルモアが、他人にじっくりものを考えさせる方法を知っている人だということは、認めざるを得ない。もっとも、その程度が尋常ではないし、スピードもあまりに速いが。

ただ、この点は私もたしかにとうなずけた。私の試したあらゆる自己啓発ツールが、何も生み出さなかったという点だ。

私は自分の人生を省察し、大きな変化を起こさなければならないと思った。この10年に、少なくとも4度は大学要覧を取り寄せ、ほかの分野でやり直すことを考えたりもした。しかしなぜか、何も変わらなかった。ただ目標が、どこかへ消え失せてしまっただけだった。

「わかってもらえたかな」。ニコッと笑って、マックスが聞いた。

「たぶん」と答える。不納得な気持ちにふたをして。

「まだまだみたいだね。実際に成功した人の話をしたら、もっとよくわかってもらえるかもしれない。コンピューター業界の人の話をしよう。スティーヴ・ウォズニアックがどういう理由でアップル・コンピューター第1号をつくったか、知っているかね？」

「いえ」

「彼は世界を変えたかったわけでも、大企業のトップになりたかったわけでもなかった。当時、家庭用《ホーム》コンピューターというのは、自分で道具を集めて組み立てるものしかなくてね。ちなみに、70年代半ばだから、そんなに昔の話じゃない。ウォズニアックはエンジニアだ。それで、アップル・コンピューターを組み立て、自家製《ホームブリュー》コンピューター・クラブの仲間に見せた。

大きな目標なんかない。ただ自慢げに見せただけ。そのコンピューターを売るというアイデアさえ、ウォズニアックのものじゃなかった。友だちのスティーヴ・ジョブズに、話を持ちかけられたんだ。その後、ウォズニアックはアップルIIをつくって、カラー表示が可能だということを実証した」

それからマックスは、マイクロソフトのビル・ゲイツの話を知っているかねと尋ねて、先を続けた。

「ゲイツは、億万長者になったのは偶然だと言っている。自分を突き動かしたのはお金じゃない、とも。じゃあ、何が彼を突き動かしたんだろう？

発明家や革新者に話を聞くと、自慢げに人に見せるという考えと一緒に、『気がついたら面白いものができていた』という言葉が必ず出てくる。成功する人たちは、自分がどこへ向かっているかはわかってない――というより、遊び感覚でいろいろやって、成り行きを見守ろうと思っている。実をいうと、

これは僕の大好きな言葉の一つなんだ。『遊び感覚でいろいろやって、成り行きを見守る』

というのがね。

僕はいろんな起業家と話をしてきたけど、その経験から言うと、本物の事業計画を持っているのは、たぶん10人に1人くらいだ。

先週、若いビジネスパーソン2人と話して、どんな経緯で起業したのかと尋ねた。ひとりはアイリーン・スピタルニーという名の若い女性だった。フェアリーテール・ブラウニーズの共同創業者2人のうちの1人だ。いったいなぜブラウニーの店をやることになったのか。幼なじみの大親友デビッド・クラベッツが電話をかけてきて、こう言った。P&Gに勤めるのがいやになった、一緒に起業しよう、ほら小さい頃約束しただろ。アイリーンの返事はこうだ。わかった、やりましょう、でもどんな会社を？

デビッドの母親がつくるブラウニーは絶品だと評判だった。それが2人の扱う商品に、そして『計画』になった。販売数は、1年目は2000個。いまでは数百万個だそうだ。

もう一人の話は、あっちへ行き、こっちでぶつかりしながら成功を収めた話だった。デビッド・アントンは、ウェイターのアルバイトでお金を工面しながら大学卒業を目指していた。ある日、フラタニティ（男子学生の社交クラブ）の仲間が、フットボール大会用のTシャツにプリントをしようと思いついた。ただ、Tシャツの代金をだれも前払いできないことに頭を抱えていた。そこでデビッドが、自分のクレジットカードを使って200枚購入した。これが20分で完売。デビッドはもう一度やってみた。さらにもう一度……。結局、彼はTシャツを売って、大学を卒業した。

その後、彼はきちんとした職に就き、工業薬品を販売した。3カ月、続けた。だが彼にとっては、Tシャツを売るほうがはるかに面白かった。それでまたTシャツの販売を始め、やがて好業績のアントン・スポーツ社へと育てあげた」

突然、マックスが指をパチンと鳴らした。そして、人差し指を私に向かって振りながら言った。「似た例がもう一つある。小説家のドン・ウィンズロウの話だ。ミステリーを書く人で、僕は『ボビーZの気怠く優雅な人生』（東江一紀訳、ＫＡＤＯＫＡＷＡ、１９９９年）が好きだな」

マックスは、知っているかねと尋ねるように眉を上げたが、私の目を見て、知らないらしいと判断すると、あきれた顔をした。「ま、とにかく、彼に会ってキャリアについて尋ねたとき、今夜と同じような話になったんだけど、やがて彼が声をあげて笑って打ち明けた。『私ほど、キャリアのキャの字も考えない怠け者はいないと思いますよ』

その言葉の意味は、キャリアについてプランなんか全然なかったってこと。単に、あっちへ行き、こっちでぶつかりしながら進むのがとてもうまかったんだ。大学卒業後、傷心していたウィンズロウは、ニューヨークへ引っ越すことにした。その街で、映画館のマネジャー補佐の職を得た。数カ月が経つうちに、資金面で何かおかしいと思うようになる。数字が合わなかったんだ。懸念を上司に話すと、２日後にクビを言い渡された。

それからまた、あっちへ行き、こっちでぶつかりしながら進んだ。別の映画館チェーンの依頼を受けて活動する『スパイ』となり、その後は探偵社に入社した。最終的には大学院に入学した。そこでは、政府のテロ防止プログラムの一環で、テロリストの似顔絵を描くアルバイトをした。

修士課程を終えると、国務省への入省が決まった。そんななか、のちに同僚となる人たちと知り合い、交流するうちに、将来の自分について理解するようになった。

未来の同僚と出会って、ウィンズロウは思ったそうだ。『われわれはきっと親友になる』と。そしてどんな反応をしたか。なんと、サファリ会社に入ったんだ！」

マックスが、サファリのイメージにぴったりな、吠えるような笑い声をあげた。

「ウィンズロウは、5年にわたってアフリカと中国をめぐり、時間を見つけては執筆をした。やがて移動することに飽きると、いまは教授を退職している恩師たちと一緒に法律関係の調査会社を立ち上げた。こうした仕事をするなかで、シリーズものの推理小説を書いた。

計画を立てたことは一度もない、とウィンズロウは言った。曰く、旅することと書くこと、この2つの興味に従って行動してきたそうだ。父親の話もしてくれてね、感動せずにいられなかった。よくこう言ったそうだ。『私が仕事をすると、神は私を敬う。私が歌うと、神は私を愛する』」

そう言ってマックスは口をつぐみ、やがて厳かな調子で、「素晴らしい」ともらした。

深い感情がこもっていたので、私は泣いているか、あるいは歌っているのかと思ったが、その言葉で話を締めくくったのだった。次いで、話題はまた、「あっちへ行き、こっちでぶつかりしながら行動する」と「わからない」に戻った。キャリアマネジメントでは、目標を設定しないのはまずいとされる。一方、禅的な意味では、「わからない」と悟ることこそが目標だ。

「ほとんどの人が出世したい、目標に向かって仕事をしていきたいと思いつつ、この台詞を口にする。『どんな仕事をしたいか、大人になっても（grow up）、やっぱりわからない』。自分は根っから凡庸なわけじゃないって顔をするときの決まり文句だ。でもね、同じgrowという言葉を使って、ありきたりな目標設定を却下することもできる。『どんな仕事をしたいか』ではなく、『どうすれば成長（grow）し続けられるか』と問うんだ」

何か引っかかるものを感じて、私は話をさえぎった。

「つまり、『目標を立てるな。行き当たりばったりにやってみろ』ってことですか。けっこうなことですね。でもそれじゃ、成功は言うなれば偶然の産物ってことになってしまいますよ」

議論する代わりに、マックスは私の肩に腕をまわし、思わず悲鳴をあげそうになるくらいがしっと力を込めた。そして耳にガンガン響く声で言った。

「だいぶ、正解に近づいてきたね」

マックスによると、吹雪のせいで空港が閉鎖されていなかったら、いまごろは、試すことについて講演するために、ロンドンへ向かっているはずだったという。首を振って、彼は言った。

「あと何時間かしたら、超高級ホテルに３００人が集まってくる。僕の講演が聞けると思ってね。気の毒に」

それから使い古されたスーツケースの山のほうへ歩いていき、自分のブリーフケースを引き出すと、講演のためのメモを持って戻ってきた。

「気の毒だと思うけど、こうも思う。彼らはワインを飲みすぎて、半分くらいの人は、講演を聞くには聞いたけど中身が何一つ思い出せないなんて明日友だちに話すんだろうな、とね。そして、噂ほどの人じゃないって、みんなで結論を出すんだ」

彼は周囲に目をやり、疲れきった様子で座り込んでいる旅行客をさっと見渡した。

「もしかしたら、このターミナルで講演をすべきかも」。聞こえよがしにそんなことを言う。

それまでの様子から、彼なら本当にやりかねないなと、半ば期待をこめて私は思った。

しかし彼はそうはせず、講演の内容の一部に話題を移した。株の選択に関する経済学者バートン・マルキエルの研究について述べる部分だ。

そこに出てくる「ランダム・ウォーク」のことは私も耳にしていたが、株を選ぶ以上の意味については考えたこともなかった。しかしマックス・エルモアは、さまざまな意義を見出していた。

「マルキエルは仮想のコイン投げ競争を想定した」と、マックスは話し始めた。

「参加者は1000人。表が出れば勝ち、裏が出れば負けだ。つまり、1000人がコインを投げると、だいたい500人が裏が出て負ける。表が出た500人は、もう一度コインを投げる。7回投げ終わると、コインを投げる人はたった8人になる」

講演の原稿を私に手渡して、マックス、その後の展開についてのマルキエルの考えを記した部分を指し示した。そこには、こう記されていた。

このころには、コイン投げの達人たちの目を見張るような能力を一目見ようと、見物人が集まってくる。そして、勝った人たちはお世辞に当惑させられる。彼らはコイン投げの天才だとほめたたえられるのだ——生い立ちを書かれたり、急にアドバイスを求められるようになったり、といった具合に。いずれにせよ、参加者が1000人いても、たえず表を出し続けられるのは、わずか8人にすぎない。

私は何となくすごいなと思っただけだった。投資アドバイザーの意見を補足するものとしては役に立つのかもしれないが、私には、成功が黙っていても手に入る幸運なものだとはまだ思えなかった。

そう告げると、マックスはおかしそうに笑った。

「問題はね、きみが理屈っぽいってことだ。きみの思考は、学生モードのままなんだよ。この課題をすべてやっておきなさい、そうすればAがとれますよってね。きみは、課題のリストをほしがってるだけなんだ」

「仕方ないじゃないですか」

彼をやり込めるチャンスとばかりに、私は言った。

「目標なんか捨ててしまえとおっしゃるのに、代わりに何を持てばいいんです。コインでも投げますか」

またしても、マックスは私の肩をものすごい力でがしっとつかんだ。

「もちろん、きみはまず成功の前提条件を、すべてそろえなければならない。もし、頭が切れなかったり、勤勉でなかったりしたら、きみは10回のうち10回とも失敗することになるだろう。だけど、もし適切なことをしっかりやったら、どうなると思う？　10回中、失敗するのは9回になるんだよ」

再び私が反論するより前に、マックスが片手をあげた。

「いままでに読んだ素晴らしい小説の中で、ベストセラーにならなかったものがどれほどたくさんあるか、考えてごらん。地方の劇場に出ている俳優だって、ブロードウェイの俳優と同じくらい実力のある人が、どんなに大勢いるだろう。

問題は、才能のあるなしでもなければ、勤勉かどうかってことでもない。コイン投げの達人じゃないってことなんだ。

だから僕は、たった一つしか目標を持っていない。毎日毎日、違う自分になること。これは試すことを続けなければならないということだ。そして試すこととは、あっちにぶつかりこっちにぶつかり、試行錯誤を繰り返しながら、それでもどうにかこうにか、手当たり次第に、あれこれやってみるということだ。

頭にたたき込んでおいてほしい。何度となく表を出すコインの投げ手は、何度となく投げているのだということを。そして、チャンスの数が十分にあれば、チャンスがきみの味方になるのだということを」

第6章

必要は発明の母かもしれない。
だけど、偶然は発明の父なんだ。

いつしか夜中の12時を少し過ぎ、「滑走路の運用再開は朝になります」とジリジリという雑音まじりのアナウンスが流れた。

私たちの周囲で、疲れ果てた旅行客たちの間からため息や不満の声がもれる。いい加減にしてくれと怒鳴る人も何人かいた。

ふと、私は思った。いま、オヘア空港にいる人の中でこのアナウンスを歓迎しているのは、もしかしたら私一人かもしれない、と。私はまだ、「試してみることに失敗はない」という言葉の意味するものを、学んでいなかった。

マックスが、「今度は、イノベーションの歴史を振り返って偶然について考えよう」と言った。私たちは文字どおり一晩中いろいろな話をしたが、とにかく彼は次から次へと尽きることなく話題を持ち出してくる。

「僕の最初の仕事はね、いまではもう廃刊になってしまった『ザ・ビジネス・オブ・

ビジネス』誌に記事を書くことだった。企業の成功と失敗、製品、サービス、広告についてリポートをしたんだけど、その中で偶然を操る達人を間近に見た。それがきっかけで、僕は製品の発見に関する話を集めるようになってね」

そして、「空前のヒット商品」と彼が呼ぶもの――コカ・コーラ――の歴史を知っているかねと尋ねた。アトランタにあるコカ・コーラ博物館を訪れたことがあるので、知っていると言ってもよかったが、「いいえ、知りません」と私は答えた。マックスの目から見た歴史を、知りたくてたまらなかった。

コカ・コーラ

「製品開発のストーリーの中で、僕はこれがいちばん好きだ」とマックスは話し出した。

「もう1世紀以上前になる――ああ、質問される前に断っておくけど、僕はそんな昔に生きてこの話を聞いたわけじゃないからね。

アトランタにジョン・ペンバートンという薬屋がいて、何十種類もの治療薬を考え出していた。『女酋長《おんなしゅうちょう》の白髪染め剤』とか『金梅草《きんばいそう》の咳止めシロップ』とか、『フランスワイン色のコカの木』とか、『人生を3倍楽しむための丸薬』といった名前の薬をね。

ある日、ペンバートンが店の奥にある部屋に入ると、2人の従業員――店員をしているティーンエージャー――が、彼が新しくつくったシロップ状の頭痛薬を水で割って飲んでいたんだ。別に頭が痛かったわけじゃないのに、だよ。

ペンバートンは、興味をそそられた。水で割ったその頭痛薬を飲んでみる。悪くない。もしかして、炭酸水を入れてシューッと泡を出したら、もっといい味になるかも。そして彼は炭酸水を加え、コカ・コーラという名前をつけて店で売ることにした。

ついでだけど、コカ・コーラのあの流れるような字体のロゴは、広告代理店やデザイナーが考えたものじゃない。あれはね、ペンバートンの仕事上のパートナーが、売上の記録をつけるノートに書いていたものなんだ」

そこでマックスは言葉を切り、いまの話をどう思うかね、と尋ねた。私は、話としてはたしかにとても面白いと思いますが、私の仕事には何の関係もなさそうですね、と答えた。

「本当にそう思うのかね」。さも驚いた様子だった。

「私のすべきことは何なんです？」と私は聞いた。「何かアイデアを思いついてくれるのを期待して、ティーンエージャーを何人かオフィスに呼んで、一緒に過ごしますか」

私の言葉に、彼は言った。

「うん、悪くない。いい結果が出るかもしれないよ」

それから、次の話へ進んだ。

チョコチップ・クッキー

彼は、まずこう尋ねた。

「チョコチップ・クッキーって、おいしいだろう？」

私はうなずいた。

「あのクッキーがどんなふうにできたか、知っているかね？」

今度は首を振る。

「マサチューセッツにあるトールハウス・インという宿屋で、ルース・ウェイクフィールドはオリジナルのバター・ドロップクッキーをつくっていた。その日は、チョコレート生地のものに挑戦しようと思っていてね。彼女は、セミスウィートの板チョコを小さく刻んだ。溶かしてクッキー生地に混ぜるつもりだったんだけど、急いでいたものだから、溶かすのはやめて、刻んだだけのチョコレートを生地に無造作に入れた。焼いている間に溶けて、期待どおりの状態になるだろうと思ってね。

でも、そうはならなかった。チョコレートは、小さな塊のままだったんだ。だけど味見をしてみて、彼女は素晴らしい出来だと思った」

「面白い話ですね」と感想を述べる。「だけど、いまの話にしろコカ・コーラの話にしろ、あなたが何をおっしゃりたいのか、よくわかりません。だって、そんなのまぐれでしょう」

「ハハ！　難しい人だなあ、きみは。そう、たしかにまぐれには違いない。だけど、きみはこれまでまぐれを生かせてきたかね？　もしかしたら、僕たちはそのコツを勉強して、『まぐれ当たり専門家』になるべきかもしれないよ」

連れの老人について私の書き方が成功しているなら、読者のみなさんにも容易に想像していただけると思う。彼がガハハとばかりに大声で笑う様子も、私の膝をぴしゃりと打つ様子も、自分の考え出した言葉にご満悦な様子も――。

それから、私たちは次のまぐれ当たりの話へ進んだ。

リーバイス

「リーバイ・ストラウスは、ティーンエージャーのときにアメリカにやってきた」

マックスが話し始めた。

「そしてケンタッキーに住み、行商人として働いた。ある日、カリフォルニアの金《きん》の話を耳にし、サンフランシスコ行きの快速帆船《クリッパー》に是非乗りたいと思った。

鉱山労働者の必需品をそろえるには資金が要る。それを稼ぐために、ストラウスはいろんな商品を船に持ち込んで、乗客に売ろうと考えた。なかなか壮大な計画だ。でも全部、売れた。ただし、テント用の硬い帆布だけは、だれもほしがらなかった。それで、サンフランシスコに着くと、もう一度その帆布を売ろうと努力した。やっぱり、売れなかった。けれど、市場に出かけた彼は、品薄になっている商品の一つがズボンだということに気がついた。採掘の仕事には、丈夫なズボンが欠かせないのに。

そこで、リーバイ・ストラウスはサンフランシスコの仕立屋を雇い、帆布を使ってオーバーオールをつくらせた。これが売れに売れたために金を採掘する計画はあきらめたけど、この若い行商人はサンフランシスコで、しっかり『金《きん》』を掘り当てたんだ」

例によって、マックスが私の表情をじっと見た。彼と話をしていて楽しいと思うのは、返答に窮するような質問が遠慮なくなされるからでもある。今回の質問はこれだった。

「僕はなぜ、こういう話をきみにしているんだと思う？」

私は自信を持って答えた。

「あなたの考えを証明するためでしょう？　イノベーションは順序だって起こるものじゃない、遊び感覚でいろいろやって、試行錯誤を繰り返してこそ起こるんだ、という考えを」

「そう、まさにその通り。『思いつき』と『偶然の出来事』は異母兄弟なんだ。注意さえ払い始めたら、目にできるありとあらゆるところに偶然が転がっているのがわかると思うよ」

今度はちょっと面食らった。「目にできるありとあらゆるところに？」

「そう。空前のヒット商品だからきみもよく知っているだろうと思って、コカ・コーラとリーバイスとチョコチップ・クッキーの話をしたけどね。すべてのアイデアが、コカ・コーラのときみたいに出てくるわけじゃない。だけど、アイデアというのは、あらゆるレベルで、いつでも、浮かぶものなんだよ」

「たとえば？」

マックス・エルモアは、即座に答えた。

「以前、キャノンデール・バイシクルズのスティーヴン・クオモと話をしたことがある。彼は社名の由来を話してくれた。

会社ができたばかりのころは、創設者のジョー・モンゴメリーと従業員2人だけでね、古いピクルス工場の2階を借りていたそうだ。開業当日、社長が従業員の一人に、電話をつけるため電話会社に連絡するよう指示した。それで従業員は、駅のそばの公衆電話から電話をかけた。

ところが、電話会社の人が、社名をおっしゃってくださいと言うわけだ。そりゃあそうだろう。だけど、それまで社長は名前を考える暇がなくてね。それで従業員は、とにかく電話回線を設置してもらわなければと、仮の名前をつけることにした。周囲を見まわして、駅名を書いた看板が目に入った。キャノンデール・ステーションってね。で、『キャノンデールです』と伝えた。だけどみんなその名前が気に入って、結局社名になったんだ」

私に何も言う間を与えず、彼は続けた。

「いや、もっといい例がある――チャイナ・ミスト・ティー社の話だ。アメリカとカナダの方々のレストランにアイスティーを納めている会社だ。どの紅茶にも何とも言えない香りがあることで知られているね。

少し前に、僕は共同創業者のダン・シュヴェイカーに会った。そして、ああいう香りを生み出すヒントはどこで得るのかと尋ねた。彼によると、たとえばサボテンの実からつくるウチワサボテン・フレーバーは、サンタフェにあるレストランのオーナーからの依頼だったそうだ。ときにはコインを投げる必要がないこともあるってことだね。アイデアのほうから玄関先までやってきてくれるんだ。

だけど、きみに話したいのはこっちのほう――ミックスベリー・フレーバーの話だ。この香りはね、ほかのフルーツ風味の紅茶をつくっていて、最後に3つの材料が残ったところから生まれたんだ。この残った材料は、捨てられる代わりに、混ぜ合わされた……つまり、ミックスベリー。そして、抜群に人気のある紅茶になった」

マックスはこんなふうに話をまとめた。

「事業も仕事も、この世のほかのあらゆることと同じだ。つまり、偶然の連続だってこと。多くの人が『計画どおりの結果になるものはない』という使い古された決まり文句にうなずくのに、やっぱり大半の人が、計画を立てることを崇《あが》め奉っている。計画立案者はもっと少なくてよくて、まぐれ当たり専門家こそもっとたくさん必要なのにね」

それから彼はこんな言葉を言った。この日以来、私が何度となく胸の中で繰り返してきた言葉だ。

「必要は発明の母かもしれない。

だけど、偶然は発明の父なんだ」

第7章

目標に関するきみの問題は、
世の中は、きみの目標が達成されるまで
じーっと待っていたりしない
ということだよ。

それからマックス・エルモアは、何時間か前に私と一緒につくった『成功のための戦略』ページに目を移した。言うまでもないが、相変わらずそこには✕印がでかでかと書いてある。

彼は、私が『新しい自分を築く』と名づけた項目へ進もうと言った。制限的な発想をポジティブで模範的な考え方に置き換える、と私が主張した項目へ。

「この気づきを得て、僕は人生が変わった」と彼は話し始めた。

「まるっきり根拠のない考えが浮かんだときのことだ。だけどそこにこそ、本当の学びがある――論理的思考が見落としてしまうところにこそね。

いまよりずっと若かったころ、そうだな、きみくらいの年齢のころも、僕はジャーナリストとして仕事をしていた。あるとき『態度調査』についての会議を取材した。消費者の購買決定に関して、インテリたちが合理的説明をつける会議だ。

基本的な前提として、消費者は一連のステップをたどるものだと考えられていた——まず商品のことを知る。その商品のコンセプトが気に入る。それをほしいと思うようになる。最後に、知識を持ったうえでそれを買う決心をする、というステップをね。消費者は徐々に気持ちを高め、それから行動に移るというわけだ。実に整然としている。論理的でもある。

だけどね、その会議の前日、僕はたまたま食料雑貨店に行って、買おうと決めてきた品物を思い浮かべた。一つは石けんだった。僕はいろんな石けんが並んだ棚の前を歩いた。あるパッケージが目について、その色が気に入ってね、これでいいやと思って、それを買った。いろんな情報を得て、それから買うことにしたんじゃない。まず買おうと決めて、それからいろんな情報を得たんだ。これでいいや、と思ってね。あんまり整然とはしていない。論理的でもない。ぐちゃぐちゃだ。人生と同じように」

「ですが」。何とか反論できないものかと、私は口を挟んだ。

「あなたの場合は、取るに足りない商品のことでしょう。ちょっとした品物だ。衝動買いだし」

私の言葉に、たしかにねと答える代わりに、彼は左右の眉を上げ、首をかしげた。そして、こう言った。競合商品についてありとあらゆることを調べて、慎重に、いろんな知識を持ったうえで買う決心をした、最近のモノを思い出してごらん、と。

「そういうふうにして買ったのは、いま乗ってる車ですね」と私は答えた。

「車種は？」マックスが尋ねた。

「通勤用に買っただけなんでね。おんぼろボルボですが、格安で手に入れました。ま、つくりはしっかりしてる。それに実用的です」

「じゃあ、今度買い替えるときがきても、またそれを買うかね？」

私はニコッと笑った。彼の言いたいことがわかった気がした。

「それはないですね。心からほしいと思う車を買います」

マックスがニコッと笑い返した。

「きみにはね、これでいいやっていう気持ちをもっと持つことが必要なんだよ。統計データはもっと少なくていい。事実というのは弱い者につけ込む。現実的な情報をこれでもか、これでもかと出してもくる。惚《ほ》れ込むことのできる車がほしいなら――まずこの車だと決めて、それから事実を調べること。きみが車を選ぶんじゃない——車にきみを選んでもらうんだ」

理由を説明する自信はないが、彼のアドバイスは真実を突いているような気がした。もしかしたら私は「論理的思考が見落とすところ」にはまってしまっていたのかもしれない。

彼はさらに続けた。

「これで、僕が『態度』というものに関心を持たなくなった理由がわかってもらえるかな。昔はよく人にこう聞いたものだ。『どんなことを考えているのかね』。いまじゃこう聞く」

「『どんなことを試してきたのかね』」

マックスがクスッと笑った。「面白いことに、人は自分の『態度』に肩入れするようになる。ボクサーのホセ・トレスを覚えているかね？」

知らない名だったが、いまから話を聞かせてもらえると思って、ともかくうなずいた。

「トレスは、大きな試合の前には必ずバワリー街へ出かけて、路上生活者の一人にどっちが勝つと思うか尋ねていた。すると隣にいる路上生活者が、自分はもう一方のほうが勝つと思うと答える。２人は、何時間も言い争った。ときには取っ組み合いのケンカになることもあったかもしれない。ホセ・トレスはこう言った。『ここがボクシングのすごいところさ――２人のうち、一方はぴたりと勝者を言い当てるんだ』」

マックスが愉快そうに笑い、さらに言った。

「きっと、言い当てたほうは、自分を天才だと思うんだろうね。コイン投げのことを思い出さないかね？」

「もちろん思い出しますよ。ですが、どっちの話も仕事に結びつけることができそうにないんですが」

彼はこう答えた。

「ここで『試行錯誤』のご登場だ。地図を一切持たずに、ただ探検すること。きみは、一連の『態度』が正しくありさえすれば、望むものは何でも手に入ると思っているかもしれない。

だけどそれじゃ、手にしたものを好きになるのが関の山だ。

世界を変えた新商品には電子レンジやビデオデッキや翌日配達サービスなんかがあるけど、そういうイノベーションを生み出した16の企業を調査した人たちがいてね。彼らは『ブレイクスルー！――事業飛躍の突破口』（山下義通訳、ダイヤモンド社、1987年）という本の中でこのイノベーションのことを述べている。いったいどんなことを発見したと思う？

彼らが発見したのはね、会社をどう組織するかなんて重要じゃ、な、い、ということだった。結論はこうだ。『ブレイクスルーは、なるほどこうすればブレイクスルーが起きるのかと思われるようなことをしようがすまいが、達成することができる』

16の企業は、適切な『態度』をしっかり育てて、それからブレイクスルーを達成したんじゃない。画期的な成功を収めて、それから適切な『態度』について、もったいをつけて話をしたんだ」

表情に、私の覚えている困惑が現れていたに違いない。

「先へ進むと、もっとよくわかるようになるよ」と彼は言い、ニッと笑った。それから「成功のための戦略」の紙に目を移し、ロールモデルを見つけてその成功を「手本とすること」の部分を読み返した。

「ここに書いてあることは――」と彼は言った。

「とどのつまり、『成功を真似る』という方針を表している。キャリアに関しては、成功者に会えば会うほど、大きな夢も仕事上の目標も成功とまるっきり関係がないってことをいっそう強く、僕は確信する。少なくとも、成功する方法をもっともらしく説く本が主張するような意味の成功とはね。よくわかる例を2つ挙げよう。

まずは、ロイ・バレー。アヴネット社という、フォーチュン100に名を連ねるコンピューター機器部品会社のCEOだよ。アメリカンドリームを、会社で実現した人だ。品出し係から始めて、いまではCEOを務めてるんだ。ただ、昔ながらのアメリカンドリームのシナリオにはあるけど、彼の場合にはないものがある。それは夢見ることだ。彼は、キャリアについては長期目標を立てたことがないと話していた。実際、事業部長になるまで、ひょっとしてCEOになるかもなんて、考えたこともなかったそうだ。

一体なぜ、その役職に就くことになったんだと思う？

バレーは、大勢いる地域営業部長の一人だった。長期目標を立てたことはなかったけど、一方で短期目標は1つだけ常に立てていた。どんな職務であれ、会社で一番になるという目標だ。やがて、さらなる任務を引き受けてほしいと口説かれた。モノトーラ社のマネジャーと協力して、両社の関係を向上させる仕事だった。バレーは、両社の重役に合同会議に集まってもらう段取りをし、アヴネット社のCEOからも出席の返事を取り付けた。

会議でバレーがプレゼンテーションをしていると、このCEOがモトローラ社のマーケティング部長のほうに体を傾け、小声で言った。『わが社にもああいう社員がほしいものです』。モトローラの部長が含み笑いをして答えた。『もういるじゃないですか……彼は御社の社員ですよ』」。マックスはその台詞にご満悦で、私が面白いですねと大笑いして調子を合わせると、ようやく話を進めた。

「で、どうなったかというと、次の日CEOはバレーを夕食に誘い、新たなポストを提示した。コンピューター部門の部門長だ。その晩バレーは、妻と話していて、天の啓示を得た。いつかこの会社を経営することになるかもしれない、と。

さて、2つ目の例へ移ろう。コーチのルート・オルソンは、アリゾナ大学バスケットボールチームのスタイルを、全米トップレベルへ変えた。そこには、ファイナル4（準決勝）に進出したり全米大学選手権で優勝したりするための3つのヒントも含まれていた。ただ、大学チームのコーチになろうと思ったことは一度もないし、全米大学選手権で優勝しようと思ったことなどなおのことない、と言い切る。ヘッドコーチなのにね。『大学在学中にいつも考えていたのは、高校で教えたりコーチしたりすることだったんです』

それを聞いて、僕は尋ねずにいられなかった。『とりたてて大きな夢はなかったわけですか』

彼は驚いたふりをして答えた。『いえいえ、、、とても大きな夢がありました。高校チームで優れたスタイルをつくりたいと思っていたんです。そのためには、年を追うごとに私自身が向上する必要がある、毎年どんどんいいコーチになっていく必要があると思いました』。オルソンは、高校コーチを13年務めてようやく、短期大学のコーチになりたいと思うようになった。やがて小規模な大学のコーチになり、さらにアイオワ大学、アリゾナ大学で指揮を執り、全米にその名を知られるようになった」

マックスが手をあげ、そろそろまとめに入るよと合図する。「ロイ・バレーとルート・オルソンの共通点は、大きな夢はなかったけど、有用な夢を持っていたこと——さらなる高みを目指す、という夢をね」

私はこう訴えた。「ケチをつける気はないんですが、おっしゃるような方針を、私は自分の状況にどう結びつければいいんでしょうか」

マックスがうんざりしたような笑みを浮かべたので、失望させてしまったのではないかと私は心配になった。だが、彼は私の訴えに対処した。「オーケー、きみは大きな夢を持つサラリーマンだと仮定しよう。いまから言う2つの夢を持ったらそれぞれどんな結果になるか、比べてみよう。

1　社長になりたい

2　今年は去年より、さらに上を目指したい

1つ目の夢を持つ場合は、度量が狭く自己防衛的になる可能性が高い。あとになって

あれはああだったこうだったと言ってばかりで、他人と比べて自分の評価がどうかってことで頭がいっぱい。

一方、より上を目指すという2つ目の夢を持つなら、リスクを厭《いと》わず、あれこれ試し、支援を求め、信頼を得ることになる。

いわゆる成功本に従えば、他人の真似をうまくやる方法を延々と探すことになる。『ロールモデル』は、不完全な目標だ。あらゆる目標設定と同じで、目指しても成功にはつながらないんだ」

マックスは私の反応を待ったが、私がためらっているとさっさと次を話し始めた。「オーケー、それじゃ、もっときみに直接関係のある事例を取りあげよう。きみが始めたビジネスについて話をして、それから成功のためのきみの戦略と僕の戦略がどんなふうに重なるか見てみよう。ウェブサイト開発の会社の話をもう一度聞かせてくれ」

私は詳しい話をした。

「ビジネスに関して冒険してみようと思ったのは10年ほど前、大学を卒業してまもなくのころでした。

私たち3人は、大いなる自由を求めて、一緒に事業を始めようじゃないかと話をしていました。3人集まれば、成功のために必要なスキルが全部そろうと思ったんです。

私たちは、数カ月のあいだに何度かひざを突き合わせ、専門家がビジネスの成功に必要だと指摘するものについて準備を進めていきました。

仲間の一人はロサンゼルスから戻ってきたばかりでしたが、彼はそこで小規模企業向けのウェブサイトをデザインする会社を訪ねたことがありました。デスクの並ぶ広々としたスペースで、若者が新しいサイトをつくっていたんです。いまでこそウェブをデザインする方法なんていくらでもありますが、当時私たちは『新たな市場に最初から参入し、有利な立場に立った』と思いました。

私たちは予算を組み、事業計画をまとめ、会社を立ち上げました。適宜、軌道修正し、事業を拡大したら、会社を売却するつもりでした。

一人は失業中だったので、フルタイムでマネジャーを務めてくれました。もう一人と私は資金を提供し、パートタイムで手伝いました。

オフィスは、リース料がいちばん安いということで、古い小さなショッピング・センターにあるスペースを借りました。大々的に宣伝する余裕はありませんでしたが、口コミで噂が広がり、少しずつ仕事が増えていきました。半年後には収支はとんとんになり、フルタイムで働いている仲間に、ささやかながら給料を出すこともできるようになりました。

3人とも、事業は順調だと思いましたし、適宜、軌道修正できているとも思いました。次の年も売上げは着実に伸び、私たちは事業拡大の計画を立て始めました。

そんなときでした、競争相手が現れたのは。ある会社が街にやってきて、本格的なマーケティング活動を始めました。企業を訪ねる外回りの営業担当に、専門スキルと、私たちより高いレベルでデザインできるソフトウェアがあったんです。私たちには、そこまではできていなかったので、いくらか痛手を被《こうむ》りました。けれども、新たに複数のDIYウェブデザイン会社が宣伝を始めたときに比べれば、ものの数ではありませんでした。

結局、一方には規模と質の両面で私たちの上を行く競争相手が、もう一方には価格面で私たちを凌《しの》ぐ競争相手が現れたわけです。私たちに何ができたでしょう。質に関して張り合うだけの資金はありません。価格で勝負しようとすれば、赤字に転落してしまうでしょう。

私たちは、リース期間が終わるまで細々と営業を続けました」

私は思い出話をこう締めくくった。

「何百時間もの時間と何千ドルもの資金を費やしましたが、そのすべてが無に帰してしまいました。仲間内で互いに対して不満が募り、いまではお互い顔を合わせることもほとんどありません。チャンスをつかむことも、大いなる自由を得ることも、それっきりです」

また一つ、アメリカンドリームが消えていったことに敬意を表して、私たちはしばらく沈黙した。先に口を開いたのはマックスだった。

「いまみたいな話は１００回くらい聞いたことがあるけど、そのたび、失敗してさぞ辛いだろうなあと思うね」

私は少し皮肉を言いたくなった。「きみたちの事業は失敗に終わった試みだと、そうおっしゃるものだとばかり思ってましたが」

彼はぼやくように言った。「ヤな奴だな、きみは」

そして私の腕を、茶目っ気たっぷりにピシャリとたたく。

「まだそんなところまで進んでないよ。そのうちその話もするけどね。とりあえず、きみが経験したことを、成功のためのきみの戦略に照らし合わせてみよう。

まず、目標設定のところにちょっと話を戻そう。きみには、目標があった。多くの目標と同じように、きみのも実は希望にばかり満ちた考えだった。きみは、手にできるはずのない金を数えていたんだ。そのくせ、目標を持ってた。夢も持ってた。

目標や夢がないからという理由で失敗した事業を、僕は知らない。おもしろいことに、夢や目標こそが成功の秘訣だということは数え切れないくらい耳にするけど、いざその夢なり目標なりを実行に移して市場に入り込むと、10人中9人が失敗する。ろくでもない秘訣だね、そんな目標や夢なんて。

ほかのみんなもそうだけど、

目標に関するきみの問題は、
世の中は、きみの目標が達成されるまで
じーっと待っていたりしない
ということだよ。

テクノロジーはどんどん変化していたし、競合商品もまた然りだった。考えてみてごらん。もし、ビジネスに対するきみの唯一の目標が、仕事での成功のために僕が勧めている目標――『毎日変わっていく』――だったら、どうなっていただろう。忘れないでくれ。よりよくなるためには、日々変わる以外に方法がないことを。

この目標を持っていたら、きみはほかのサービスに手を広げたかもしれないし、新しい機材や新しいマーケティング技術を取り入れていたかもしれない。新たなニッチ市場

を偶然見出したかもしれないし、それまでなかった仕事を見つけたってこともありうる。ところがきみはリーダーに従っただけだった。だからそういう新たなものを発見するチャンスを全然手にできなかった。

おっと、話が逸れちゃったね。きみとしては、目標や夢があっただけでなく、前向きな姿勢を持っていたし、ロールモデルになるような会社だったように思えるだろうね。つまり、成功戦略の条件を満たしてた、とね。そういうやり方をすれば、確実に成功できる気がしてた。

別に珍しいことじゃない。多くの企業がきみたちと同じようなスタートを切る。だれかほかの人の成功を見て自分も、と思うんだ。だけどね、本当の起業家たちはみんな、独自の方法で成功をつかんでる。他人の成功を真似する人たちは、似た者同士が寄り集まって互いに争ってばかりいるから、先導者に、つまり革新者に追いつくことができないんだ」

「同じことは、会社だけじゃなく個人の仕事にもあてはまる」。マックスが強い調子で言った。

「きみはロールモデルの真似をしようとするけど、それでは結局、だれもが持つありきたりなアイデアに行き着くことにしかならない。

さらに悪いことには、ロールモデルに話を聞くと、彼らは往々にして自分の歩んできた道を整然と語って、プロフェッショナルとはかくあるべき、みたいに思わせてしまうんだ――別な表現をすれば、それこそが成功への常套《じょうとう》手段であるかのように思わせてしまうってこと。あるいは、自分のサクセス・ストーリーは、ほかのみんなのサクセス・ストーリーと、とてもよく似ているのだと思わせてしまうと言ってもいい。

とかく人は他人の成功を見て、成功とはどうすれば手に入るのか理解しようとする。偉大な小説家のサマセット・モームがこんなことを話していたのを思い出すね。『小説を書くためのルールは3つある。残念ながら、どんなルールなのかはだれも知らない』ってね」

マックスが大声で笑い、私も笑った。

「仕事の場合は、少し違う――成功するためのルールはだれもが知ってる。だって、何百という本の中にリストアップされているからね。ただし、この問題が残る。小説を研究しても小説家になれないように、成功を研究しても成功を手に入れることはできないという問題が。みんな、成功した人の右に倣《なら》えをしようとするけど、

成功するというのはね、右に倣えをしないっていうことなんだ。

こう表現してもいい。ピカソの絵の写真をコピー機にかけても、ピカソにはなれない、とね。

いままでに話したこと全部が理由で、僕は成功のためのきみの戦略にでかでかと✕印をつけた。もしきみが、仕事で失敗するための戦略を練りたいなら、ひたすら目標を立て、人真似をするのがいちばんだ。その戦略なら、いまの仕事にせよ新しく始める事業にせよ、10回中9回、失敗できるだろうから」

「さてと、輪をかけて厳しい教訓を聞く心の準備はできたかね？」マックスが聞いた。

「僕のアドバイスに従って、模倣の代わりに創意工夫を心がけ、昨日と違う自分になろうと日々努力するなら、きみは可能性を高めることができる。もう、10回中9回も失敗するなんてことはない……」

マルクス兄弟のグルーチョみたいに両の眉をぴくぴく動かし、それから結論を言う。

「きっと、10回中8回で済むよ」

第8章

きみたちの事業は、
試してみた結果、
失敗に終わったんじゃない。
試すこと自体が欠けてたんだ。

私がどれほどがっくりきたか、きっとおわかりいただけると思う。いままでの会話は全部、凝りに凝った冗談だったのだろうか。

私は老人に言った。「10回中8回は失敗に終わる作戦なんて、わくわくするのは難しいですね」

私たちは通路を歩いて、最初に出会った場所に戻ってきていた。マックスがニコッと笑って歩みを止め、カーペットの上に腰を下ろした。そしてこう聞いた。

「そう言うけど、10回やって2回成功するというのは悪くないはずだよ。その確率で宝くじが当たったらと思わないかね？」

それはもちろん、そう思った。

「本物の成功を手に入れるのは、宝くじに似ている」とマックスは続けた。

「まず、買えるだけの力と勤勉さを身につけ、くじを買う。ただ、1回買って、10分の1の確率に賭けてみる人がほとんどだ。僕はね、どうすれば何度も何度もくじを買えるか、そして確率を10分の2に引きあげられるか、それをきみに教えてあげたいと思ってる。

こういう論理なんだ。多くの人は一つの職業を選び、期待される仕事をし、その業界で成功している人たちのようになろうとする。その結果、だれもが、ほかのみんながしているのと同じことをすることになる。斬新で素晴らしいアイデアが出てくれば、みんながそれに飛びつく。だれも彼もがだ。そういう人たち一人ひとりに何が起きていると思う？

彼らはね、他人をはるかに凌ぐ
人材になろうとしてるけど、
それを他人と同じような人間になることで
達成しようとしているんだ。

そして、どうなるか。手に入るのはせいぜい、その業界の上位10パーセントに入るという10分の1の確率のチャンスくらいなものだ。一つの職業に、一つのチャンス、そして10分の1の可能性というわけだ」

「新しい仕事や新しい事業を始めることについて考えてごらん。多くの人はそんなこと始めたりしない。それはありとあらゆる危険を冒さなければならないということだからだ。うまくいく可能性がそこそこあったとしても、恐怖が先に立つ人もいるだろう。

以前、ある心理学者に話を聞いた。ジョン・モーウェンという人でね、賭け事をする心理について少し教えてくれた。

たとえば、きみが10万ドルの純資産を持っていたとする。家やら車やらを売れば、それくらいにはなるだろう。そして、その10万ドルに対して、僕が１００万ドル賭けてきみと勝負したいと申し出たとする。2つのさいころを順番に投げて、出た目の合計が大きいほうが勝ち。五分五分の確率で、10倍の金を手にできる可能性が出てきたわけだ。きみは賭けをするかね？」

もちろん、と私が答えるより早く、彼は先を続けた。

「このことを奥さんに話すことを想像してごらん。それから、娘さんのことやきみたち家族が持っているあらゆるもののことを考えてごらん。さらには、五分五分の確率で、家も車も家具も結婚指輪も失い、完全にゼロの状態からやり直す羽目になるかもしれないってことも」

そんなふうに言われると、私は賭けの話はなかったことにするでしょうね、と答えざるを得なくなってしまった。

「そしてきみは、多くの人と同じようになる」という言葉が返ってきた。

「さっき五分五分と言ったけど、より現実的には10分の1だ。マンネリ化した生活を抜け出して冒険しようという人がほとんどいないのも、無理はないね」

彼はしばらく賭けの話を私にじっくり考えさせ、それから返答に窮する質問をした。

「だけど、同じ話を持ちかけられたとしても、持っているものが半分に減るだけだったら、きみはどうする？　財産を全部失うわけじゃないということになれば、もう少し積極的な姿勢を持つかもしれないね。

話を進めるよ。確率は五分五分のままだとしても、何度も賭けをすることができたら、つまり勝つチャンスをたくさん持つことができたら、きみはどうする？　たとえば、チャンスを10回持てたとしよう。きみは夢中で僕に挑んでくるだろうね。確率はフィフティ・フィフティだから、きみは5回勝って5回負ける計算だ。つまり、500万ドル勝って、50万ドル損するってこと。450万ドルの儲けだね」

これは悪くない話だ。私は頭の中で計算機をはじいた——たとえ9回負けて1回しか勝てなかったとしても、私にとっては黒字になる。

「ま、実社会で直面する事柄には、よい面と悪い面の両方が含まれているってことだね。ただ、さっきも言ったけど、成功の確率はフィフティ・フィフティじゃなく、それよりずっと悪い。だけど、このことはぜひ知っておいてほしい」

「成功の宝くじでは、
勝つチャンスは何百と手に入るし、
ほとんどは高い代価を払うような
ものじゃないってことを」

「だいぶ核心に近づいてきた」と彼は教えてくれた。

「賞金額の大きいゲームをしたいね。くじを買うのにそれほどお金がかからなくて、何度でも賭けられて、勝ち続けられるゲームを」

どうやら、老人は「試してみることに失敗はない」の話に入るつもりらしい。その晩、私の予想はほとんど外れてばかりだったが、今回は正しかった。

次に彼は、明快な真理を述べた。「他人を凌ぎたいと思うなら、最初の、かついちばん難しいステップは、並の人をやめることだ」

私はこう解釈した。賭けに勝つためには、毎日変わって、よりよくなっていく必要がある。それはつまり、たえず「試行錯誤」を続けていくことなのだろう、と。

それから彼は、他人を凌ぐ人物になるための2つのルールを示してくれた。

「一つは、

『時機』とか
『完璧な機会』なんてものはないということ。

これはこの場でただちに始めるということだ。

もう一つは、パッと浮かぶ考えはたいてい使い古されたものだし、パッと浮かんだわけではない考えの多くもやっぱり使い古されたものだということ。とどのつまりはこういうことだ。『一か八かの賭けをせずに、チャンスが来ることはない』」

ついに、マックスが、「試してみることに失敗はない」という言葉の意味を説明してくれるときがきた。

少し前に、私は事業を始めてはみましたがこれって失敗に終わった試みですよね、と皮肉っぽくマックスに言った。いまやっと、彼はその解釈に話の焦点を合わせようとしてくれているのだった。

彼に言わせると、私たちの会社がしたのは「イノベーション」ではなく「模倣」だったという。そうかもしれないが、彼の言葉を聞いてまず私が思ったのは、会社は軌道に乗り始めていたのに、ライバル会社がやってきたために撤退する結果になっただけだということだった。

「きみたちの計画は一見、申し分なかったように見える」と彼は言った。

「しばらくは順調だったしね。だけど、きみたちは何も試さなかったし、よりよくなってもいかなかった。ライバル会社にとっては、止まったまま動かない標的だったんだ。新規参入社ならどこでも、きみたちの会社を訪れ、どういう展開をしているかを見て、それにちょっと工夫を加えてよりよいものに改良できる。きみたちは、つぶされるべくしてつぶされたってことだよ」

それから、いまなお私の頭に響いてやまないセンテンスを、穏やかな口調で話した。

「きみたちの事業は、
試してみた結果、
失敗に終わったんじゃない。
試すこと自体が欠けてたんだ」

彼はこう説明した。「きみときみの仲間たちには、非の打ち所のない小さなビジネスを立ち上げるというビジョンがあった。目標は『起業して、事業を完璧なものする』こと。これじゃ失敗するのも無理はない」

また話がよく理解できなくなったが、彼は私の困惑を表情の中にすぐさま読みとった。そして始めたのは、目から鱗《うろこ》の落ちるような話だった。

この話を聞いて以来、私は自分を「完璧主義者」と呼んだことはない。

マックスが話し始めた。

「昔、いまは亡きジャン＝ピエール・ランパルによるフルートの上級音楽教室《マスタークラス》に出席したことがある。ランパルは何十年もの間、世界一のフルート奏者と目された人だ。そのクラスでは、一流の若手のフルート奏者が集まって、彼の前で演奏した。一人が演奏し終えるたびに、ランパルは自分の金のフルートを手に取り、『こういうのもいいかも』と言って、同じ楽節を吹く。どっちもきれいだけど、演奏の仕方はずいぶん違うことがよくあった。

最後に僕は、作曲者の作品にどんどん新しい解釈をほどこそうとしてらっしゃいますよね、とランパルに尋ねた。そしたらランパルはこんなことを言ったんだ。『コンサートで何回か、持てる力を尽くして、ある曲を完璧に演奏できたとします。そうしたら、翌日のコンサートではまた持てる力を尽くして、さらに素晴らしい演奏をするんです』

すごい！　完璧以上に素晴らしいなんて。論理としては筋が通ってないけど、それを聞いたとたん、僕はハッとひらめいたね。ランパルの言葉は、完璧というものに対する僕の考え方を永遠に変えてくれた。完璧では十分じゃない——まだ試してみる必要があるってことなんだってね」

元気な老人は、いまでは私のお気に入りでもあるフレーズをもう一つ付け加えた。

「ある事柄が完璧だと決め込んでしまったら、その事柄はそれ以上よくならず、ライバルに追い抜かれるのをただ待つだけだ。その結果言えるのは——ランパルの言葉をそのまま繰り返すと——『完璧とは、ダメになる過程の第一段階』ってことだ」

「完璧の上を行く素晴らしさ」に関してジャン・ピエール・ランパルの言葉を聞いた私は、

自分が「完璧主義者」だといううぬぼれを捨てた。しかしそれで、失敗に終わった数え切れないほどの経験が消えてなくなるわけではない。私は、試してきたことを次から次へと並べた。

マックスは私が話し終えるのを待って、それからこう答えた。

「僕は、すべての挑戦がうまくいくとは言ってないし、適切な判断がいつもできるとも言ってない。そんなことはあり得ないよ。

繰り返すけど、計画なんてたいていうまくいかないものだしね。きみにわかってもらいたいのはね、アイデアはいい結果をなかなかもたらさないけど、試してみることはそうじゃないってことなんだ。『試行錯誤に失敗はない』と言ってもよかったかな。それも正しいし、理解はしやすいかもしれない。

ただ、いいかい。何かをやってみて、それがろくでもないアイデアだとわかったとき、きみはもとの場所に戻ることは絶対にない。必ず、何かを学ぶからだ。もしかしたら、その前にしていたことに高い価値をおくべきなのかもしれない。もう一つ。ここは声を大にして言うよ。それは毎日違う自分になること、つまり、成功のカギとなる重要なスキルを実践したってことでもある。そんなわけで、試してみることに失敗はないというのは真実だと僕は思ってる。

きみにもそう思ってもらいたい。だけどそれは、『科学的方法』だの『対照群』だのといった言葉を、しかつめらしく口にしてほしいってことじゃない。ひたすら、いろんなことを楽しくやって、新しいことを試して、いつもしっかり目を開けておいてほしいってことなんだ。難しいのは、ほかの人に変わってもらおうとすること、違う自分になってもらおうとすることだ。たいていの人は、変化なんて大嫌いだからね。だけど、この白髪まじりの頭の中には、とても重要なフレーズが入ってる」

彼は、まるで次の考えを押しだすかのように、指先をこめかみに当てた。

「人は、変化は大嫌いだが、
試してみることは大好きなんだ」

第9章

あの実験で学ぶべきことはね、
あらゆるものを変えて、
さらにもう一度変えることなんだよ。

オヘア空港はしんと静まり返っていた。いつのまにか明かりの一部が消され、薄暗くなった通路に目をやると、人と旅行かばんの境界がぼやけて、灰色の岩が並んでいるように見える。眠りの国の住人になっていないのは2人だけ、その一人は私だった。

もう一人は、次の話題に私を引き込もうとしていた——ホーソーン効果の話題に。

ホーソーン効果

大学で社会学か心理学の授業をとった人なら、たぶん耳にしたことがあるだろう。この効果の名は、ある産業調査が行われた工場の名前に由来する。

調査の目的は、どんなことが変化したら生産性が上がるのか、あるいは下がるのかを突きとめることだった。ところが、調査を行った研究者たちが驚いたことに、変化するものが何であれ、生産性が向上したのである。

そして、こういう結論が導かれた。

労働者は、調査に参加するのが好きなのだ。それも大がつくくらい好きなものだから、調査が行われるというだけでふだんより生産性が上がるのだ、と。そのためホーソーン効果といえば、参加者がみずからを実験の大切な要素だと自覚していることで複雑化する調査として知られるようになった。

マックスは雑誌の記者としてホーソーン実験について書いたことがあるんだと言って、次のように語った。

「書いたのはもう何十年も前だけど、そのとき以来だね、この話をするのは。産業心理学なんかうっちゃっておいて、代わりにこの効果のことを肝に銘じておくといい。そうすれば人よりリードできるよ。もっといいのは、これまでに書かれた経営のためのアドバイス本は全部捨てて、ただ1冊、ホーソーン実験を報告・説明する『経営と労働者 *Management and the Worker*』（未邦訳）という本だけを持つことだ。そうすれば、さらにリードできるよ」

ホーソーン工場は、シカゴにある電話機を製造する大工場であり、ウエスタン・エレクトリック社（AT&Tの製造部門）最大の工業施設だった。

実験は1924年に始まった。たいそうな目標があったわけではなく、そもそもの目的は単に、照明が労働者の生産性に及ぼす影響を調べることだった。工場にはもっと明かりが必要か否か、それを判断したかったのである。

実験の結果を、マックスはこんなふうに説明した。「単純な実験からは、単純な結果が出る。照明は明るいほど、いい。つまり明るさが増すにつれ、生産性もあがった」

この実験には続きがあった。

「ところが、そのあとで驚くべきことが起きた。実験が事実上終わり、照明をもとの明るさに戻しても、生産性が落ちなかったんだ。

研究者たちは理由《わけ》がわからなくて、労働者を『実験群』と『対照群』に分けてもう一度実験をした。実験群のほうの照明は、明るさを3段階で切り替え、対照群のほうはずっと同じ明るさにしておいた。これで、謎が解けたか。

答えはノーだった。実験群だけでなく対照群も、生産性が飛躍的に伸びたんだ」

「研究者たちが次にどんな行動をとったか、きみにもわかるだろう。すっかり困惑して、彼らはもう一度実験してみることにする。ただし今度は作業場の照明をどんどん暗くしていったんだ。照明が暗くなるにつれ、生産性があがっていく。けれどついには暗くなりすぎて、これじゃ手元がぼんやりとしか見えないじゃないかと労働者たちが文句を言い始めた。そのとき初めて、生産性が落ちた。そして研究者たちは気がついた。何かが生産性を高めているが、それは照明じゃない、とね」

そう言うと同時に、肘で私を突く。あまりに話に集中していたせいで、私は座った姿勢のまま、倒れそうになった。

「そろそろ佳境に入ってきたよ」。マックスがそう言いながら、また眉をぴくぴく動かした。「研究者たちは、経営陣を説得して、さらに実験を重ねることにした。今度は照明じゃなく、『休憩時間《ワークブレイク》』、つまりきみや僕なら『コーヒーブレイク』と呼ぶものだけど、これの影響を調べようとした。そして協力してくれる人を5人だけ募り、隔離した部屋に入ってもらった。

その調査は、現在の基準からすると、大雑把《おおざっぱ》だった。現代の完璧な調査の場合では、変える条件は一度に一つだ。ところが、ホーソーン実験では、ありとあらゆる条件がいっぺんに変えられた。部屋を小さくし、照明を明るくし、仕事台もいいものにしたんだ。

それはともかく、協力した人たちは――ついでだけど、全員が女性だった――、前は100人という大きなグループだったのに対し、今度は5人だけで、出来高に応じて魅力的な賃金が支払われることになった。それから、私語についての規則をはじめ、いくつかの規則がゆるめられた。経営陣からの特別な注目を浴びることにもなった。

この新しい環境に、テスト変数となるものが加えられた。つまり、休憩時間の長さがさまざまに変えられた。

研究者たちは目を見張った。休憩時間の長短にかかわらず、5人の生産性が30パーセントあがったんだ。特に驚いたのは、休憩時間がもとの長さに、つまりゼ﹅ロ﹅になっても、彼女たちの生産性が高い数値を示したことだった。

実験は、調査としては大失敗だったと言えるかもしれないね。休憩時間の影響について答えを出すためのプロジェクトだったのに、答えらしい答えが出なかったのだから。一方で、生産性が30パーセントもあがったなんて！　なぜこんなことが起こったんだろう？」

もし考える時間をもらえていたら、賃金が魅力的かどうかがポイントだったんじゃないですか、と答えていただろう。その代わりにマックスがこう説明した。

「『経営と労働者 *Management and the Worker*』の著者たちによると、賃金の違いはたかが知れていて、生産性があがった理由としてはせいぜい半分にしかならない。じゃあ、あとの半分は何だろう？」

マックスは講演用のメモを引っぱりだし、同書の著者たちが1939年に仕事場の新しい環境についてこう結んでいる部分を、私に見せた。

協力者たちからは不信感や不安、つまり権力への恐れといわれるものが、ほとんどなくなった。彼女たちは以前より私語が増え、経営陣や調査している我々に自分たちのことを話すようになった。

仕事に対する意欲も高まった。彼女たちの間には個人的な関係が新たに生まれ、友情という強い絆《きずな》にまで発展した。互いの家を訪問し合ったり、一緒にパーティーやダンスや劇場に出かけたり……。仕事においては、一人ひとりの生産性があがったために、疲れているらしい仲間に休憩してもらうことが珍しくなくなった。


マックス・エルモアは話を終えると、この実験が意味するものについて自分の意見を述べた。

「ホーソーン効果は、被験者の『態度』を管理しないことについて警鐘を鳴らすものだと、一般的に考えられている。

まあ、現代社会学者は誤解をし、間違った教訓を学んでしまったんだね。彼らは、ホーソーン実験は調査として大雑把で、失敗に終わった試みだと思ってるんだ。だけど、本当はそうじゃない。あの実験でぜひとも学ぶべきは、試してみることに失敗はないってことだ。ホーソーン実験から得られる学びを全部拾ってみよう。

1つ。人は試すことが大好きだ。みんな自分から進んで実験に参加するんだから！

2つ。人はチームの一員になりたいと思うものであり、そして『実験群』はエリートのチームだ。自分はチームの一員だと思えたら、人々は互いに協力し合うようになり、そのために監督者の仕事までどんどん自分たちでこなすようになる。

3つ。現代の研究者たちは、完璧な調査のやり方を探し続けている。そのために視野がしだいに狭くなり、ついには何も見えなくなってしまっている。彼らはシナジーが起こるチャンスを逃してしまっているんだ。小さなことを一つひっそり変えたところで何も始まらない。だけど、取るに足りないことでもそれらを一気に変えたら、何かすごいものが手に入る――ホーソーンの場合だと、生産性が30パーセントあがったね」

「あの実験で学ぶべきことはね、
あらゆるものを変えて、
さらにもう一度変えることなんだよ」

マックスが天井のほうを見上げ、思いをめぐらせるように言葉を紡ぎ出した。

「たぶん、試すという喜びがあるから、僕は仕事を続けてるんだろうな。そして、みんなにも一緒に試してもらうことで、僕はさまざまなチームの一員になっている。どのチームでも、モットーはこれ。『何か新しいことをやってみよう』」

彼は私のほうへ向き直ると、またしても私の脚をぎゅっとつかみ、ガッハッハッと吠えるように大声で笑った。

「僕の人生はね」と彼は言った。

「ずっと昔から、ホーソーン効果の連続なんだよ」

第10章

それはね、「あるべき状態より、よくあること」なんだ。

マックスは両脚を投げ出し、浅い眠りについている旅行客たちをじっと見やった。そして声に優しさをにじませて言った。「一息入れたほうがいいかな」

相手に「一休みしたほうがいいかな」と言われたら、知りたくなる。この人は私のためにそう提案してくれているんだろうか、それとも自分のためだろうか、と。

自分のために違いないと、ふだんなら思うところだが、このときの私は違った。それに私は疲れてなどいなかった。もっと話を聞きたくて、そう彼に告げた。

「本当に？」

驚きを隠しきれない様子で、マックスが聞き返した。「きみって、難しい情報を次から次へと吸収できるんだね」

それから立ちあがって、言った。「何だか体がこわばってきたよ。もう一度ぶらぶらしようか」

通路の壁にもたれて眠っているのは、大半が、紺かグレイのスーツを着たビジネスパーソンだった。そのそばを歩くうちに、私の連れはまた少しふさいだ様子になった。

「この人たちをごらん。産業革命が始まったころロンドンに集まってきたイングランドの農家の人と、どれほどの差があるだろう。ここオヘアにいる眠れるかわいそうな子猫たちは、それ以降で最大の経済変動の波にのまれているのに、そのことに気づきさえしていない。この人たちの部下にしても、ほとんどがそうだ。

彼らを見てごらんよ、きみ。打ちのめされて、疲れ果てて、不満だらけで。18世紀には、人を死ぬまで働かせる工場があった。いまは肉体労働じゃなく頭脳労働になっているけど、社会はやっぱり過酷なままだ。現代の労働者の精神的苦痛はいつかきっと、ぞっとしながら振り返られるだろうね」

「何がいけなかったんでしょう」と私は尋ねた。

「あらゆるものが、とも言えるし、いけなかったものなんてなかったとも言える。競争相手は外国にもいる。ベビーブームのときに生まれた人たちが大挙して知的職業に就いた。雇うほうも雇われるほうも、より多くの相手とたたかうことになったわけだ。見方を変えるなら、僕たちは資本主義の見えざる手に殴られ続けてきたってことだね」

　パン！と手を打ち鳴らし、静まり返った通路で一瞬、私をぎょっとさせる。

「僕たちは過多の時代に生きている。過剰なアルミニウムや過剰な半導体といった、生産能力の意味だけじゃない。どの業界も、同種の企業や店があまりに多いんだ。ファストフードの店は、必要な数を超えてる。ドライクリーニングの店もそう、コピーサービスの店もそう。知的職業人も多すぎだ――会計士も、弁護士も、物書きも。

　そうした供給過多の状態が価格競争を引き起こす。企業は価格に締めつけられる。一体どうすれば利益率を維持できるのか。企業はみずからに対しても締めつけをする――下請け業者や従業員をガツンと殴りつけてね。いまは経費を削減する人が会社の英雄とされる時代だ。まったく、なんて時代だろう。そりゃあ、景気が上向きだろうと下向きだろうと、しばらくはそれでもうまくいくだろうけどね。

　そんなわけで、僕としては、いまの社会が愛社精神や雇用確保の方向へ戻りつつあるとは思わない。いやむしろ、僕たちはとてつもない締めつけの時代をこれからも生きることになるだろう」

それを聞いて、私はこの会話が始まったときのことを思い出し、こう言った。「元に戻りましたね。不安と将来の展望についての話に入ったってことは」

私の言葉に、老人は、はたと何かを思い出したらしかった。ゆったりと歩く足を止め、私のほうを振り向く。

「何年も、考えたこともなかったんだけどね。ちょっと思い出した話がある。

1950年代のことだ。当時、オーソン・ウェルズは映画監督としてとても力があって、舞台芸術家としても、とても傲慢《ごうまん》だった。このころのウェルズは、後の僕たちの知ってるような愛嬌のある感じじゃなくて、気性の激しい暴君でね。で、その気性の激しい暴君が、自分の制作したある映画をテレビシリーズ化してCBSで放送させようと考えた。そして、CBSの副社長と会う約束をし、映画を見せ、それから意見を聞かせてくれと言った。

副社長は言いにくそうにこう答えた。『素晴らしいですね。いいと思いますよ。ですが、ふつうの人によさがわかるとお思いですか』

ウェルズは軽蔑《けいべつ》したような眼差《まなざ》しを副社長に向けた。『そうだな、でもきみにだってわかったんだろう？』」

マックスが話を終えると私たちは2人して笑ったが、声が大きすぎたのだろう。うとうとと眠っていたビジネスパーソンの一人が目を覚まし、体の向きを変えて、悪態をついた。

それからマックスは、私たちがどんな時代を生きているかという、さっきの話に戻った。

「僕たちはみんな、平均より上になりたいと思っているし、なろうとも思ってる。だけど、生産能力は過剰だし、競争も熾烈《しれつ》。周りを見まわせば、有能なのに月並みな仕事ばかりして定年を迎える人がいっぱいいて、ついには、ああもう絶望的だと思うようになる。そして気づくんだ。いまの世の中で成功するには、奇跡が必要だ、マジックが不可欠だってね」

元気な老人は、私の肩を痕がつくほどがしっとつかんだ。

「いや実際、それこそが――」。静けさの中に、老人の声が響く。

「僕たちに必要なものなんだ。マジックこそがね。日々の暮らしの中で、僕たちはそれを求めてるんじゃないかな。目を見張り、舌を巻き、あっと驚きたいって。それに、『マジック』というのはたぶん最高のほめ言葉だよ。自分のことをこんなふうに言われたらって想像してごらん。『彼は断トツだ。マジックを使ったんだ』」

熱のこもったマックスの声に、壁沿いに座り込んで眠ろうとしている人たちの間から迷惑そうな声が次々あがる。私たちは歩を進め、それから私は尋ねた。

「試行錯誤とはどう結びつくんです？　ホーソーン効果はマジックなんですか？」

今度は立ち止まって、マックスは両手で私の片方の腕をつかんだ。

「ちょっと待ってくれ。一つ、飛ばせないステップがある。僕が成功の秘訣を悟った瞬間のことを話さないといけない。

雑誌の記者をしていたころ、取材した人の中にウォルト・ディズニーがいた――ウォルトおじさん《アンクル・ウォルト》と呼ばれるのが、好きだったね。それはともかく、彼は知性にあふれた人だった。あるとき仕事の秘訣を尋ねられて、こう答えた。『ものごとを見事にやることだよ。もう1回それを見るためならお金だって払う、と言われるくらい見事に』

この秘訣は彼の映画やテーマの中に生かされている。だけど、具体的にアンクル・ウォルトは何をしたんだろう。どういうふうにして、何度でも見たい、訪れたいと思わせるくらいに、みんなを楽しませ喜ばせているんだろう。

こうした疑問が浮かんだのは、昔子どもを連れてディズニー映画の『白雪姫』を見に行ったときだった。映画の中に、白雪姫が井戸のそばに立っているシーンがある。白雪姫はハトたちに、これは願いを叶えてくれる井戸なのよ、と語りかける。そしてそれが本当だってことを示すんだ。『王子さまが現れますように』みたいなことを言ってね。かわいいよね。そのあと白雪姫の顔が、井戸の底から見た状態、つまり水の向こうに映し出される。顔が水面にゆれててね、水のしずくがぽたぽたと井戸に落ちてきて、さーっと波紋が広がるんだ。

いいかい、円を描いて波打つ水面に顔が映って、しかもその顔がゆらゆらとゆれているところを表現するんだよ。それがどんなに難しいことか、想像してごらん。まして、当時はまだコンピューター・アニメーションなんかなかった時代だ。

ウォルト・ディズニーは、なぜそんなささやかなシーンのために、スタッフに多大の労力と時間を割かせたんだろう。もしスタッフの中にMBA（経営学修士号）を持つ人がいたらこう批判しただろうね。『気はたしかですか。そんなくだらないもの、カットしてください。プロットには何の影響もないでしょう』」

それから、ふと浮かんだ考えがおかしかったらしく、マックスが例の馬みたいな笑い声をあげた。

「ちょっと思ったんだけど、もしいま、そのMBAの人とウォルト・ディズニーが会話をするとしたら、MBAの人はこうも言うかもしれないね。『ぼくたち一生懸命やってますけど、どうして7人のこびとが必要なんです？——6人じゃいけないんですか』」

私が口を挟むより早く、マックスは熱っぽく先を続けた。

「だけどアンクル・ウォルトはMBA取得者じゃなく、芸術家だ。そして水のシーンは映画の中にきちんと残された。なぜか。それは、そんなふうに表現されたことが、それまでなかったから。困難だったからだ。アンクル・ウォルトは自慢げに見せびらかしていたんだ。娘と一緒に、映画館に座ってそのシーンを見たとき、僕は桁違いの創造力とは何かを知った。『白雪姫』のあのシーンは、成功の秘訣をそっと教えてくれている……」

彼が声をあまりにひそめてしまったので、私は体を傾けて耳を寄せなければならなかった。

「それはね、『あるべき状態より、よくあること』なんだ」

マックスが再び歩き出し、やがて、補足するようにこう言った。「本当の達成というのは、あるべき状態よりよくなることだ。単によくなるんじゃなく、目を見張るほどよくなること。マジックだね」

彼の言葉は、理解はできる。しかしそんなアドバイスをもらっても、特に役立つとは思えなかった。私は何か具体的なアドバイスがほしいと思ったが、彼は『桁違いの創造力』と「マジック」について延々と話し続けている。そんなものが、私のどこにあるというのか。期待はずれな思いを告げる私を、マックスはさえぎった。「せっかちにならないでくれ」と言う。

それからふっと口をつぐんだ。

「いや、前言撤回。せっかちであってくれ。ただ、フルート奏者ジャン・ピエール・ランパルについて話したことを忘れないでほしい。彼は完璧より、よくありたいと話していた。そしてディズニーのことを考えてみると、やっぱり、あるべき状態より、よくあろうとしていた。一見、筋が通ってないだろう？　だけどそうじゃないし、どっちも、『違う自分になる方針』の一部だ。『毎日変わっていくためのロジック』、と言ってもいいかもしれない」

そして強い調子で話を続けた。「こうした試行錯誤はどれも、大変な仕事に思えるかもしれない。きみはときどき、凡人の群れの中へ逃げ込みたくなってしまうだろう。そんなときには、いま言ったロジックのまた別の部分が必要だ。このことを覚えておくといい。平凡であることは難しく、創造的であることは易しいってね」

彼は再び、周囲の眠れる人々を指差した。

「この人たちはみんな、平均より上でありたいと思っている。そして実際に平均より上だ。みんな優秀な営業担当者であり、エンジニアであり、会計監査人なんだから。

ただ、平均より上の人があまりに多くて、
みんなふつうになってしまってる。

悲劇と言うべきは、この人たちのだれもが向上したいと思っていて、そのために、成功したければこうしなさいと教えられたことばかりをやってしまってること――もっと努力しなさい、ポジティブに考えなさいってね。そのせいで、みんな前進あるのみって感じで突き進み、ますます多くの時間をつぎ込み、同じことをひたすら繰り返してるんだ。

それが成功のための標準的なアプローチだ。もっと多くのことをしろ。そうすればうまくいく。いや実際、考えてごらん。それこそがアジアの多くの会社が使う戦略なんじゃないかな。ライバル会社の欠陥品は1000個につき10だから、うちは5に抑えよう。あそこの製品には付加的な機能が3つあるから、うちは6つ付けよう。漸進主義でものごとを進めるのが得意なんだね。それでうまくいっていた。実際、自動車産業では成功してたね。欠陥車の数がゼロに近づき、そこにアメリカ人が追いつくまでは」

いつのまにか、私たちは会話を始めた場所に戻ってきていた。マックスは書類をごそごそとかきまわし、やがてウィリアム・ハミルトンが描いた漫画を取り出した。

それは、一人の重役が電話で話をしている場面で、吹き出しにはこうあった。「いいか、マルゴ、俺は自分がどんなに長時間仕事をしているか別に自慢する気はないし、そのことについて議論する余裕もない。なにしろ、知ってのとおり、俺は週に１００時間ここで働いてるんだからな」

今回、マックスはガッハッハッとは笑わなかった。代わりに、ほとんどささやくような声で言った。

「この空港にいる大方の人は、そんなふうに生きてる。命を削るような恐ろしい競争をして、だれがいちばん多く働いたか見きわめようとしているんだ」

マックスの言葉が続く。

「この競争でだれが勝利を収めるか？　だれも。これは全員が負けるゲームなんだ。ということで、新しいゲームをしよう」

「本当にあるんですか、そんなゲームが」

私は聞いた。

「もちろん。試しにやってみるんだよ……とにもかくにも」

「なるほど」

第11章

もし宇宙が信じられないような素晴らしいアイデアをくれるとして、きみはそれにふさわしいかね？

このころには、よりよくなるための理念が、私の中で十分、形になってきたように思えた。私はマックスに伝えた。いますぐ、成功本にある考えに✕をつけたいと思います。そして、試してみるというマジックを実践するにはどうすればいいかを学びたいと思います、と。

彼はこう答えた。

「やっとその台詞を言ってくれたね。ゴールはもうじきだ。何より難しいのは、心を開くことだ。だけど一度開いてしまえば、あとはそこにいろんなアイデアが流れ込んでくる。それこそが、きみときみの仕事に対して僕が望んでいることなんだ」

それから私たちは、アイデアはどのように生まれるかという話題に移った。マックスはすでに話してくれた実例のうち2つを再び取りあげた。コカ・コーラとリーバイスのジーンズの話だ。

「この2つは空前の素晴らしい商品アイデアだけど、どちらも『宇宙からの贈り物』としてジョン・ペンバートンとリーバイ・ストラウスに手渡された。さあどうぞ、って感じでね」

私は2人ともラッキーでしたよね、といささかトゲを含んだ言い方をした。すると、元気な老人はこう言って、また私を驚かせた。

「もし宇宙が信じられないような
素晴らしいアイデアをくれるとして、
きみはそれにふさわしいかね？」

ありがたいことに、彼は返答を待たなかった。

「ちょっとの間、自分はアトランタの薬屋ジョン・ペンバートンだと思ってごらん」

そして、こう続ける。

「きみは店の奥の部屋に入る。そこには従業員が2人いて、売り物の薬を取り出し、おいしそうに飲んでいる。きみはどうするだろう？　正直に言ってごらん。きみならどうする？」

私は思ったとおりのことを伝えた。たぶん怒って、その場でクビにするでしょうね。

次に彼は、今度は自分をリーバイ・ストラウスだと思ってくれ、と言った。きみは長い船旅を終えたばかりで、荷物とテント用の帆布の巻物を持って、サンフランシスコの街を歩いてる。一刻も早く金を探しに行きたいと思いながらね。そのとき、探鉱者がやってきて、「ズボンはあるかね」と聞かれる。

「きみはどうする？」

今度も正直に答えるほかなかった。私はイライラしてこう言うだろう。「ないよ、ズボンなんか売ってない。あんた、目は見えてんのか？　あるのはテント用の帆布だけさ」

そして私は知った。自分が、空前の素晴らしい2つの商品に、目の前をすーっと通り過ぎさせてしまったことを。

マックス・エルモアが言った。

「きみはたぶん何十もの素晴らしいアイデアに、目の前を通り過ぎさせてきてしまっているると思うよ。新しい考えを受け容れるのは、簡単じゃない。それどころか、僕たちの文化では、『一つのことに集中する』のがよいとされている」

「僕たちはね、失敗するのを怖がりすぎて、それが宇宙からの贈り物だってことに気づこうとしないんだ」

「何年も前に、スリーエムの本社に行ったことがある」。マックスが話を続けた。
「そこで重役たちに会ったんだけど、なかには付箋《ふせん》のポスト・イットに携わっている人たちもいた。ポスト・イットのことを知らない人はいないよね？」

「私は知ってますよ」

「で、本社に行ったときに」とマックスが先を続けた。

「女性重役に、新製品というのは往々にしてちょっとした失敗から生まれるものだということに気づいているかどうか聞いてみた。すると彼女はこう答えた。『気づいていますが、その一方で、製品開発の話を集めたとき、みんなきまりの悪い思いをしました。自分たちがドジの集団のような気がして。ですから、そうした話をまとめて本にすべきかどうか、ずっと決めかねてるんです』

ぜひ本にしようと思ってもらえるよう、僕はできる限りのことをした。アイデアというのは常にまぐれ当たりみたいなものだということを、みんなに知ってもらいたいからね。だって、彼女ははっきりこう言ったんだ。スリーエムは年におよそ10億ドルという莫大な資金を研究に費やしているので、へまばかりしているみたいに思われるわけにはいかないとね。

だけどそれこそが、10億ドルと引き換えにスリーエムが得ているものだ。大勢の社員が、心を開いて、優れたアイデアに巡り合うのを待ってるんだ。気にかけるべきは、きまりの悪い思いをすることじゃなく、素晴らしいチャンスを見逃さないことなんだよ」

それからマックスは、以前に本で読んだというドン・クーパー医師のことを話してくれた。クーパーの経験がきわめて興味深いものだと気づいたマックスは、彼を追ってオクラホマ州まで行き、詳しい話を聞かせてもらったのだという。

クーパーは、医師として素晴らしい経歴を持っている。通常の診察に加え、フィジカル・フィットネスの顧問や、オクラホマ州フットボールチームのチームドクターも務めてきたのだ。つまり成功者である。心肺蘇生法（ＣＰＲ）の考案者にもなれたはずだが、しかし、そうはならなかった。

マックスはこんな話をした。

「１９５０年代初め、ドン・クーパーがカンザス・シティの病院の研修医だったときのことだ。ある男性が病院へやってきて、あちこちに痛みを訴えた。若いクーパーが診察しようとしたが、怒って協力を拒むので、この新たな患者に本当に必要なのは精神科医に違いないとクーパーは思った。そしてベテランの医師に一緒に患者を診てもらい、精神安定剤を点滴するように指示を受け、それから患者を精神科病棟に移した。

何とかして点滴を始めようとしたが、患者はますます疑い深くなり、非協力的になっていった。次の医療手順は、精神安定剤の点滴だ。これは、慎重にやらないといけない。注入する速度が速すぎたら、患者の命を奪いかねないんだ。

研修医のクーパーは点滴を始めたが、そのとき患者が起きあがってベッドを離れようとした。揉《も》み合ううちに、クーパーは精神安定剤を一気に注入してしまい、患者はベッドに倒れ、事切れてしまった！

驚いたクーパーは患者の胸に耳をあてた。何も聞こえない。心臓が動いてない。当時は止まった心臓を再び動き出させる方法なんてない時代だ。つまり若い研修医のクーパーは、担当した患者を死なせてしまったんだ。

患者はベッドの上に横たわったまま息をせず、クーパーの頭の中をいろんな思いがぐるぐるとめぐった。患者を殺してしまった。医者としての自分の将来はもう駄目かもしれない。絶望と怒りで、患者を殴った。胸に、そう、鼓動の止まった心臓のすぐ上のあたりに、パンチを打ち込んだ。

そのとたん、死んだはずの患者が咳をした。クーパーは仰天して、もう一度患者の胸に耳をあてた。鼓動が聞こえる——不規則だが、たしかに心臓が動いている。それでもう一度患者の胸を殴った。すると、心臓が規則正しいリズムを刻み始めたんだ」

私は尋ねた。「それで？　患者は無事だったんですか」

「うん、目を覚ましてこう訴えたそうだ。『気分は前よりよくなった。だけど先生、胸が痛むんだが』。クーパーは短く答えた。『胸膜炎じゃないですかね』」

マックスがクスッと笑い、それから先を続けた。

「おもしろい話だ。だけど悲しい話でもある。患者にとってはハッピーエンドだけど、医学の歴史にとっては残念な結果になってるからね。この経験を医学雑誌に書いたのかとドン・クーパーに尋ねたら、彼はこう答えた。『冗談でしょう。私は患者を死なせてしまったんですよ。何とかして秘密にしておかなければと思いました。人に話すようになったのは、30年経ってからです』。心肺蘇生法が再び発見され、標準的な蘇生方法になるまでには、この話から実に10年近い年月がかかったんだ」

コカ・コーラとリーバイスと心肺蘇生法の話に考えを巡らすうちに、私は「まぐれ当たり学」

について話し合ったことを思い出した。その話題を持ち出し、私は自分なりの考えを述べた。

「つまりあなたがおっしゃっているのは、私は状況を、ぼんやり座って、待って、見守るだけでいい、そうすれば素晴らしいアイデアが現れる、ということですね」

マックスはニッと笑って、片手をあげ、私の指摘に合わせて指を折り曲げながら言った。

「答えは、ノー、ノー、イエス、イエスだ。ぼんやり座っていることに対しては『ノー』、待つことに対しても『ノー』、見守ることに対しては『イエス』、素晴らしいアイデアが現れることに対しても『イエス』だ。だけどもう一つ、忘れちゃいけない『イエス』がある。新しい考えを試みることに対する『イエス』だ。

ジョン・ペンバートンはぼんやり座っているどころか、頭痛薬をはじめ何十種類もの新しい治療薬を開発していた。彼の場合は、いままで存在しなかったものを生み出すのではなく、薬の代わりにソフトドリンクを生み出すという形でまぐれ当たりを手繰り寄せた。リーバイ・ストラウスもぼんやり座ってなんかいなかった。彼は大陸を東から西へ横断したし、何が売れるか考え続けていた。

この2人とドン・クーパーを比べてみよう。クーパーは、素晴らしいアイデアが文字どおり呼吸を始めるのを目の前でじっと見守っていた。けれども、素晴らしいアイデアだと気づいて試してみることに積極的ではなかった」

私は声を大きくして言った。「つまり結論は、『何もするな、そうすれば素晴らしいアイデアがやってくるだろう』じゃない。『あらゆることをしろ。素晴らしいアイデアは、どこからやってくるかわからないのだから』ですね」

正しい結論だったに違いない。また痕がつくくらい強く、ひざをがしっとつかんでもらえたから。


それから私はこう言った。「しつこいようですが、どうすれば私にもそんなことができるでしょう。私なんて、しがない会社員にすぎないのに」

マックスが大げさに、あきれた顔をして不平を並べた。

「みんな、そう言うんだ。『ほかの人』には簡単なことだって。そうとも、『ほかの人』には時間がある。そうさ、『ほかの人』にはお金もある。それに、『ほかの人』にはコネもあるってね」

暗い通路に、マックスの太い声が響く。

「それは違う」

それから、ぐっと声を落として、彼は言った。

「だれだって、後からだったら、何だって言える。
イノベーションというのは
簡単そうに見えるものなんだ、後から見ればね」

マックスは少し考える時間をくれたが、また話を続けた。

「実際にあった話をしてあげよう。それを聞いたら、僕の言わんとしていることがわかると思うよ。サンフランシスコにある紳士服店の話がいいかな。

店は経営が傾き、赤字が続いていた。きみは自分を『苦労の多い会社員』だと思っているけど、想像してごらん。週に60時間も働いて、赤字だとしたら――会社にお金を払って働かせてもらっているようなものじゃないかね。

店主は、店をたたもうと思い始めていた。でもともかく、僕の知り合いで中小企業専門のコンサルタントをしているデイヴィッド・ウィングに相談してみることにした。店主の希望は、お金をあまりかけずに巻き返しをはかること。そんなの無理だと思うだろう？だけどこのデイヴィッド・ウィングは店に入ってしばらく中を見たあと、こんなことを店主に助言した。

1　店の中にあるあらゆる商品を並べ替える。
2　開店時間を10時から7時半に変える。
3　熱帯魚を入れた大きな水槽を買う。

頭がどうかしてるんじゃないかと、きみは思っただろうね。けれどウィングの助言にはちゃんとした理由があった。店の前は人通りがものすごく多い。店内に大きな水槽があれば、きっと道ゆく人の目を引く、というわけだ。だけど、なぜ水槽なのか？

『なぜって』とウィングは僕に言った。『水槽を置いている紳士服店なんて、見たことがないからですよ』。つまり、ほかと違う店になるためだけに、そういう変わったことをしたんだ。でものおかげで店員たちもすごく創造的になった。たとえば、水槽にはしごをもたせかけて、その上にマネキンを置いたりした。そうすると、マネキンが魚を食べているように見えるんだよ。

次に、すべての商品を並べ替えるというアイデアだけど、これが提案されたのは単に、店内の印象をがらりと変えるためだった。まったく同じ商品でも、いったん取り払って違った場所に置き直したら、客には新しい商品が入ったように見えるんだ。

最後に、開店時刻を早めるというウィングのアイデアについてだ。このプランはね、出勤途中のビジネスパーソンがその日の重要な会議のためにこれだ！と思うようなネクタイに目をとめたり、あるいは厚手のコートや傘が急に必要になったりする場合を狙ったものなんだ。

売上げはたちまち30パーセント伸びて、店は再び大きな利益をあげるようになった。

振り返ってみれば、店主は、工夫すべきことなんてほとんどないと思い込んでいたんだ。価格を大幅に下げたり、大々的に宣伝をしたり、あるいは店を改装する余裕なんてない、とね。

だけど彼は、まだたくさんのことを、それもいっぺんに変えられるんだと思い知らされた。営業時間を長くすることで、売上げが5パーセント伸びた。商品の陳列を変えたり水槽を置いたりすることでも、やっぱり5パーセント伸びた。だけどそれだけじゃない。3つを同時にやったことで、客として来てくれそうな人たちにホーソーン効果がもたらされた――客は店で何か起きてるぞと気づいて、確かめたくなったんだ。

それに、店員たちもホーソーン効果を実感したはずだ。自分たちは実験の重要な要素なんだ、とね。それはやる気を高めることにつながったし、結果として顧客に対するサービスの質もあがった。

この偶然に気がついてほしいな。紳士服店は売上げが30パーセント伸びた。これが、ホーソーン工場の実験で見た生産性の伸びと同じ数字だってことに」

これを聞いて、私は尋ねずにいられなかった。「常に30パーセントなんですか。20パーセントとか40パーセントってことは？」

「20パーセントということも、40パーセントということもある。ゼロということも、200パーセントということも。それでも、30パーセントという数字は僕には印象的だ。着実な進歩を示しているし、達成しがいのある目標だし。

そう、それは宝くじに当たるようなものじゃない。一生に一度あるかないかの機会を──コカ・コーラやリーバイスのときみたいなアイデアを、ただ待ってちゃダメなんだ。もしそういうものを指をくわえて待っているなら、きみはアイデアに巡り合うなんていう経験は一度もできないだろうし、この先何十もの素晴らしいアイデアを見落としていくことになるだろうね」

肘でそっと私をつつき、マックス・エルモアはにっこり笑った。

「ねえ、きみ。生産性にしても収入にしても、30パーセントあがれば、文句なしじゃないかね？」

私は期待されたとおりの返事をした。

「いいかい、できることはどんどん変えてごらん。きみが変えてるってことにだれもが気がつくくらい、どんどん変えるんだ。好奇心を旺盛にすること。試すのが好きな人だと評判になったら、みんなのほうからアイデアを持ってきてくれるようになるよ」

話そのものは理解できたが、それでも、どうすればいろんなことを変えられるのか、やはり想像がつかなかった。私の勤めている会社にはさまざまな方針や指針がある。いったいどれくらいの自由が私にあるだろう？ ふんだんにある、とはとても言い難かった。

私の疑問に、彼はこんな答えをくれた。

「どんな方法で僕がアイデアを生み出しているか、教えてあげよう。もし試してみたいというなら——そして、この空港が再開されれば、だけど——、きみには帰りの飛行機の中でやるべきことがある。リストを3つ、つくるんだ。

1つ目のリストには、仕事上でやったミスを全部書き出すこと。宇宙がきみにささやきかけてきたことに耳を傾けてごらん。きみの仕事にとっての心肺蘇生法が待ち受けているのがわかるかもしれないよ。

2つ目は、問題点のリストだ。仕事に関してイライラすることを残らず書き出すんだ。

だれかほかの人が不平を漏らしているのを聞いたことがあったら、それも書く。ヒーローになりたいなら、ほかの人の問題も解決しないとね。

最後に、仕事に関してやっていることを全部、リストアップする。あらゆることを変えるには、まず『あらゆること』とは何かというリストをつくる必要がある」

最後のリストをつくることによって彼が何を伝えようとしているのか、私にはよく呑み込めなかった。尋ねると、マックスはこう答えた。「職場でしていることを、何か一つあげてごらん」

「経営陣に提出するために、販売に関するデータをまとめた報告書を書きます」

「じゃあ、『報告書を書く』がリストの最初の見出しになるね。

だけど、詳細をいろいろ書かないといけない。概略を示すときみたいに、小見出しを並べるといい。報告書を書く過程を、つまり書きあげるまでのすべてのステップをリストアップするんだ。いつ書くのか、どこで情報を手に入れるのか、どんなふうにその情報を分類するのか。一つの見出しの下には、10か20、もしかしたら50くらい小見出しが並ぶかもしれないね。

3つのリストは、一度つくっても、それで終わりじゃない。終わることは決してない。常に書き換えること。そして、3つ全部を目につきやすいところに置いて、毎日読む。このリストが、新しいアイデアを次から次へと生み出す材料になるんだ」

「肝に銘じておいてくれ。
売れ残ったテント用の帆布を使って
何をすべきか考え続けてこそ、
リーバイスのジーンズを
思いつくことができるんだってことを」

第12章

覚えておいてくれ。

「試すことは簡単だが、変えるのは難しい」

ということを。

マックスは座って、両手を揉み合わせ、大仰な調子で言った。「いちばん簡単な、問題点や不平のリストから始めよう」

そして、今度もまた、実際にあった話をいろいろ聞かせてくれた。私が特に魅かれたのは、故クロード・オルニーの話だ。

というのも昔、大学での成績をあげるために、『やる気があればAが取れる *Where There's a Will, There's an A*』（未邦訳）という、オルニーのビデオを買ったことがあったからだった。ビデオテープ教材を販売するオルニーのビジネスは、マーケティングで大成功を収めている——なにしろ販売数が100万を超すのだから。しかしオルニーは、ビデオ教材を売って裕福になりたいと思っていたのだろうか。違う。彼は、なんとかして、家族の問題を解決しようとしたのだった。

「オルニーが抱えていた問題は」とマックスが詳しい話を始めた。

「息子がアリゾナ州立大学への入学を断られてしまったことだった。オルニーはこの大学で商法を教えていたのにね。条件つきで何とか仮入学できるようにはしたが、この経験から息子に手助けが必要であることを痛感させられた。

それで彼は、みずから図書館へ出向き、勉強や授業や宿題に関する本を片っ端から調べた。けれどがっかりした。どの本にも、気の滅入《めい》るような同じアドバイスが並んでたんだ。テレビを消しなさいとか、勉強に多くの時間を割きなさいとか、そういうことがね」

ここまでの話を聞いて、さまざまなことが鮮やかに思い返された。そういうアドバイスをもらったことのない学生が、はたしているだろうか。

「だけど」。マックスの話が続く。

「勉強時間を増やしていま以上に頑張っても、息子にいい結果がもたらされるとは、オルニーには思えなかった。そこで彼はアドバイス本をわきに置いて、代わりに、自分が受け持っている優秀な学生たちが高得点を取るために何をしているか、それを調べることにした。

やがて、優秀な学生が授業中どの席に座るか、どんなふうに勉強するか、どんな要領で暗記するかがわかってきた。彼はほかの教授に意見を求めたり、教育に関する記事を読んだりもするようになった。そして、たとえば答案用紙というのは見た目も重要であることを知った。

昔、ノースウェスタン大学のある教授が、学生の書いた汚い数枚の答案を一字一句違《たが》わず、奥さんに書き直してもらったことがあった。そして両方の答案用紙を助手の大学院生たちに渡して評点をつけさせた。奥さんが丁寧な文字で書いた答案には、すべてAがつけられた。学生が書いた汚い答案はほとんどがCだった。もちろん、変わったのは見た目だけ。だけど、オルニーの息子にとっては、きっと役立つに違いなかった。

こんなことにも気がついた。計算を必要とするテストでは、数学的な間違いはたいてい、単に縦の列をそろえて書かないせいで起こる。数字をきちんとまっすぐに並べて書けば、間違いが減るってことにね。

オルニーは息子に、実際に役立つことを何十となく提案した。そして息子は、優等生名簿に名を連ね、優秀な成績で卒業することで、父の思いに応えた」

ここでマックスはしばらく口を閉ざし、それからオルニーと息子の努力がホーソーンでの実験に似ていることを指摘した。父子は力を合わせ、さまざまな方法をいっぺんに試し、出てきた結果にお互い目を見はったのだった。

「ところで」とマックスが先を続けた。

「話はこれで終わりじゃない。勉強についてのアイデアがビジネスになった経緯を話さないとね。オルニーがアイデアの数々を学生たちに聞かせたところ、息子と同じように学生たちの成績もあがったんだ。次いでオルニーは、新たに知ったことを教材の形にまとめあげた。

言うまでもないと思うけど、クロード・オルニーは積極的に試す人だった。彼は自分の見つけた勉強法を高校生にもさせてみた。ダイレクトメールを送って学生を集めようともした。新聞に発表もした。やってみたことの多くは失敗に終わってる。だけど、彼にはもういつでも幸運に巡り合える準備が整っていた。

彼は『シカゴ・トリビューン』紙のコラムニストに手紙を送り、自分の教材について書いてもらえないかと依頼した。ピーターソンの返事は『ぜひ』。それは、3000を超える依頼の中から選ばれて書かれたコラムだった。

その後、オルニーはある結婚式で昔教えていた学生と偶然席が隣になり、雑談を交わすなかで、開発中のビデオ教材のことにもちらっと触れた。すると、その昔の教え子がオルニーとの話を、娘の学校の成績が思わしくないという友だちにした。教え子の友だちはテープを買い、娘の成績がぐんと伸びた。

喜んだ娘の父親は偶然にもテレビショッピング業界で働いていてね。オルニーの考えた勉強法はすぐにテレビで紹介され、週に１０００本もテープが売れるようになった」

それからマックス・エルモアは、関連するエピソードを話してくれた。

「『やる気があればAが取れる *Where There's a Will, There's an A*』という素晴らしいタイトルはどんな経緯でついたと思う？　オルニーはずっと、『大学でよりよい成績を収めるには *How to Get Better Grades in College*』というタイトルを使っていた。新しい名前を考えたのはね、当時まだ高校生だった彼の娘さんなんだよ」

マックスはちょっと間をおいた。「きっと、クロード・オルニーに会う多くの人がこう思うんだろうね。『結局、彼もツイてるんだよな』。違うかね？」

「それはそうでしょう。彼はツイてましたよ」

「ふむ。だけど、ツイてるはやめてほしいな。彼には解決しなければならない問題があって、そのために大変な努力をしたんだ。僕たちのうちいったい何人が、わが子のために、ここまで必死になるだろうか。そういう努力をするとしても、いったい何人が、最初のいいアイデアを捨てて、さらに何十ものアイデアを考え出すだろう。

桁違いの努力をせず、ツイてただけのサクセス・ストーリーなんて、思いつかないよ。ここで一つの疑問が浮かんでくる。好運ではなく努力が成功の秘訣なのか、という疑問だ。答えは、イエスでもありノーでもある。成功のための要素がたった一つしかないなんて、そんなことは絶対にない。オルニーの場合がどうだったか、そうした要素を全部あげてみよう。

よい父親であること。問題を解決すること。昔ながらの勉強法や『もっと勉強しなさい』みたいなお決まりのアドバイスを捨てること。積極的に試す人であること。あらゆることをやってみること。それから、心を開いて、やってみる価値のある事柄にどんどん気づくこと。さらには、市場で商品を売って、あちこちで試してみること。

ぜひ、きみに聞きたい。オルニーが素晴らしいアイデアを見つけたんだろうか、それともアイデアのほうが彼を見つけたんだろうか」

「そうですね」。考えをめぐらしつつ、私は答える。

「彼は自分から行動を起こして、たとえば答案用紙はきれいに書くといった既存のアイデアを見つけました。でも、アイデアのほうが彼を見つけた場合もあります。ビデオ教材のタイトルとか、テレビショッピングとの縁とか。答えは『両方』ですね」

マックスがパチパチと拍手をした。

「素晴らしいよ、きみ、そのとおりだ」

そしてこう続けた。「オルニーはアイデアの流れに飛び込んだんだ。まずはとにかく始めること。どのアイデアが最終的に実を結んで、どのアイデアが実を結ばないか、確かめる方法なんてないんだから。できる限りいろんなことをとにかくやってみること。そうすれば、そのアイデアがまた別のアイデアを引き寄せる。始めさえすれば、新しいアイデアのほうからきみのもとへ近づいて、飛びついてくるんだ」

それから彼は次の話へ進んだ。

「きみのもとへ近づいてくるアイデアといえば――」。マックスが言った。

「ベルクロ（面ファスナー）がどうやって発明されたか知っているかね」

私は知らなかった。

「ジョルジュ・ド・マエストラルという男が自宅へ向かって森を歩いていた。ついでだけど、これは1940年代のスイスでの出来事だ。家に着いた彼は、ウールのズボンの裾にオナモミの実がくっついているのに気がついた。払い落とそうとしても無駄なのはわかってる。それで一つひとつ手でむしり取ったが、ふと思った。オナモミはいったいどんなふうにして、こんなにしっかりズボンにくっついているのか、とね。

顕微鏡でトゲトゲの実を見てみると、この実は小さな鉤《かぎ》の球だということがわかった。ウールのズボンの生地は糸の輪でできている。つまり実の鉤が、ズボンの糸の輪に引っかかっていたんだ。

ジョルジュ・ド・マエストラルは布を使って、オナモミの構造の再現に取りかかった。試作には何年もかかったが、ついにオナモミと同じことができるようになった。彼はこの新製品の商標をベルクロ（velcro）にした。フランス語の2つの単語――『ベルベット』を表す velour と『鉤』を表す crochet――の第一音節をとってつけた名前だ」

いつものようにマックスは、ド・マエストラルとベルクロの話から、どんなことがわかるかねと尋ねた。

私は答えた。彼は問題と向き合い、結果的にビジネスにしました、と。

「そのとおり」

間髪を容れずにマックスが聞く。

「じゃあ、今度はとっておきの質問だ。ジョルジュ・ド・マエストラルは問題を解決したかね？」

私はこう答えた。「ズボンの裾からオナモミを取るという問題は解決できませんでしたね」

「僕はきみに問題点のリストをつくるように言ったけど」。マックスがまた話を始めた。「それは創造力を狭めるんじゃなく、広げることにつながる。みんなよく『問題はチャンスだ』って言うよね。たいていの場合、その意味はこれだ。『問題というのは、自分がうまくそれに対処できることを示すチャンス以外の何ものでもない』。問題に取り組んだり克服したりして、それを解決しようとするわけだ。だけど、ミスター・ベルクロはオナモミの問題を解決せず仲良くなった。インドのことわざに似てるね。『川沿いに住むなら、ワニと仲良くなれ』ってね」

　その様子を想像して私は笑ったが、彼の言わんとすることをはかりかねて、首をかしげた。それでマックスはまた別の話をしてくれた。

「ある日、僕はデイヴ・トーマスを訪ねた。トーマスは、ハンバーガー・チェーンのウェンディーズの創設者だよ。話をするうちに、新しいメニューをどうやって考え出すかという話題になった。彼によると、もともとウェンディーズではサラダは出さないはずだったんだが、いまではどのハンバーガー・チェーンよりたくさんサラダを売っているそうだ。

　ウェンディーズでは、大量のレタスを買ってハンバーガーに挟んでいたんだけど、真ん中の部分――『レタスの芯《ハート》』というらしいね――は使えなくて、惜しげもなく捨ててしまっていた。トーマスはこの残った芯を使って何かできるはずだと考えた。そして思った。芯を買い取ってくれる人はいないだろうか。この芯を使って何かつくれないだろうか。まさにそのとき、トーマスははたと思い当たった。これはサラダの主たる材料になるぞ、とね」

この話から学ぶべきことはよくわかったので、さえぎるように私は言った。「どうすればいい、いい、いい、だれかほかの人にこの残り物を使ってもらえるかと考え始めたものの、自分のところで使えばいいことにトーマスは気づいたんですね。彼は問題と仲良くなり、その結果、問題は問題じゃなくなったわけだ」

「そのとおり」

「だけど、いつもそんなふうになるとは限らないですよ。方向転換したり、強みに変えたりできない問題も、たしかにたくさんありますからね」

「そうだね」。ニコッと笑ってマックスが答えた。

「仲良くなれるワニもいれば、なれないワニもいるね。けれど、それでもとにかく、すべてのワニのことをよく知る必要がある。『克服できっこない』といわれるかもしれない問題の例をあげよう。走り高跳びの選手になりたいのに、垂直跳びが苦手だとしたら、どうだろう？　さあ、これはたちの悪いワニだぞ！」

最後の台詞と一緒に、脇腹を肘で小突かれる。

「1960年代のことだ」。マックスが先を続けた。

「ディック・フォスベリーという若者が、のちに『背面跳び』として知られるようになる跳び方を編み出した。彼は走り高跳びの選手で、初めて後ろ向きにバーを跳び越えたんだ。一度フォスベリーに会う機会があってね、どうして後ろ向きにバーを跳ぼうと思ったのか、聞いてみた。

彼によると、中学生のときははさみ跳びをしていたそうだ。これだと、ほぼ立っているときの姿勢のままバーを跳び越えることになる。でも大学に入ると、コーチにベリーロールで跳ぶように指導された——この跳び方では、腹が下向きで、ひざと肩がまずバーを越えることになる。だけど結局、コーチは、フォスベリーが垂直跳びがあまり得意でないことを知ると、じきに彼への興味をなくしてしまった。それで、フォスベリーは、昔やっていたはさみ跳びに戻って、ああでもないこうでもないといろんな跳び方をしてみるようになった。

フォスベリーは、はさみ跳びで失敗するのは、お尻がバーにあたってしまうからだと気がついた。そこで跳ぶときにお尻を持ちあげてみたところ、体を後ろへ傾けることになった。やがて、あまりに後ろへ体を倒すためにもはやはさみ跳びではなくなってしまったが、彼はすでに独自のスタイルをつくり出していたんだ」

マックスは両の眉をぴくっとはねあげて私を見た。結論を言ってごらん、ということらしい。

「これは何とかやれそうです」と私は答えた。

「フォスベリーは跳躍に長《た》けているわけではなかった。そのため、新しいスタイルを試すほかなかった。その結果、次の問題にぶつかります――お尻をバーから離すという問題ですね。そしてまたさまざまなことを試していったんです」

「またまた、そのとおり。ただこのことも見落とさないでくれ。人並みでしかない跳躍力は、フォスベリーの敵だった。その一方で友だちでもあった、ということをね。

次の話へ進む前に、ぜひとも触れておかなければならないことが一つある。フォスベリーは僕にこう言った。『新しいスタイルを編み出そうなんて、考えもしていなかったんですよ。ただ問題に――体のどの部分がバーにあたるのかという問題に注目し、それを取り払うことに集中していただけなんです』とね。

大事なのはそこだ。分析したり綿密に計算したりすれば必ず問題を解決できるなんて、そんな印象をきみに持ってほしくないからね」

それからマックスは頭を振った。考えを中断させるときの彼の仕草だ。次いで「有名な人たちの話はおしまい」と、唐突に宣言した。「僕の話す例は過去のストーリーばかりだとも、思われたくないしね。次は、きみの状況に近い話だ。問題と向き合い、それが結果的にどうビジネスになっていくのか、考えてみよう。

キャスリーン・ダフィーは、フェニックスにある管理職専門の人材斡旋《あっせん》会社で研究部長を務めていた。けれども会社がカリフォルニアへ移転し、自分はそこへは行かないと決めたので、失業することになった。

で、どうしたかっていうと、身につけた採用スキルを生かし、地元企業に向けて、ダイレクトリクルーティングサービスを提供した。報酬は、紹介した従業員の給料から一定割合で手数料をもらうのではなく、1時間あたりの料金を請求した。ダフィーは自宅で仕事をし、電話をかけて有能な人を探し、ふるいにかけ、自分の取引先への就職を考えるよう口説いた。

ほどなく、仕事が増えてさばききれなくなったので、人材発掘担当を新規採用した。

やがて、彼女の経営するダフィー・リサーチ社は、数十人規模へと成長した。オフィスマネジャーの一人以外は、全員が在宅勤務だった。

会社が成長したのは、ダフィーがニッチ市場にうまく入り込んだからだ――ヘッドハンターを雇いたくないわけでも、そのゆとりがないわけでもない、ただ、勧誘の電話をかける時間がなかったり、そういう性分じゃなかったりする経営者、という市場に。ダフィーは、申し分ないと言っていいだろう仕事、10万ドルを軽く超える収入をもたらす仕事に、気づけば出合っていた。

ダフィーは自分自身の雇用を思うがままに創出しただけでなく、その有り余るほどの自由をみんなと共有した。ダフィーの会社が成功したおかげで、夫はそれまでしていた仕事を辞め、イラストレーターとして事業を開業できた。そしてダフィーが採用した隣家の人は、当時は秘書をしていたけど、やがて10万ドル以上の給料を稼ぐまでになった。おかげでその人の夫は、仕事を辞め、コレクター向けのおもちゃのビジネスを始めることができた」

マックスが、「この話からどんなことがわかるだろうね？」という目を向けてきた。私はこう答えた。「彼女は、会社をつくろうとは思っていませんでした。問題の分析に、意識的に取り組んだことさえありませんでした。彼女はただ、問題と市場が導くまま、そのあとに従ったのです」

マックスが、感銘を受けたふりをしながら頷《うなず》き、言い添えた。

「従うことにはメリットがたくさんある。実を言えば、僕には全然思い浮かばなかった考え方なんだけどね。このエピソードは、最高のキャリアの多くについて、禅の教えみたいな真実を伝えてくれる――まだ存在しない職のなかにある、自分ならではの仕事を探せ、とね」

その考え方が当時はよくわからなかったが、いい仕事をめぐって競争すると、その仕事を得るのが格段に難しくなるか、さもなくば報酬が下がるかのどちらかになることが、最近わかってきた。競争相手がだれもいないところで仕事を創出するなら、そうした需要と供給の緊張をはねつけることが可能だ。

だが、オヘア空港に座り込んでいる私が考えているのは、存在しない職を探すことではなかった。私は、どうすれば幸運を呼ぶ問題をつくれるかについて考えていた。

「ですが、もしだれかが――もちろん私のことですが――、いますぐ問題がほしいと思うなら、自分にこう問いかければいいんじゃないですか。『うまくいっていないのはどこか』。

それから『うまくいっていないなら、どうすればいいのか』って」

マックスはよっこらしょと立ちあがったが、それはただ深々とお辞儀をするためだった。

「生徒が先生に知識を与えてくれるとは」

彼はそう言って、頭を下げた。

私に言われて腰を下ろすと、マックスは問題を解決することについて省察した。

「このことを忘れないでほしい。

解決策というのは、
後から振り返ってみれば、
簡単に見つけられそうに思えるものだってことを。

ときには、ウェンディーズでサラダをメニューに加えたときのように、簡単に見つかることもあるけどね。だけど多くの場合、問題を解決するには大変な勇気がいる。クロード・オルニーは息子を、成績が足りなくてなお大学に入れた——彼のやったことは間違いだ、息子を駄目にしてしまうと、オルニーのことを言う人もきっといるだろう。

けれど、考えてみてほしい。何年もかけてオナモミの仕組みを再現しようとしたジョルジュ・ド・マエストラルを、どれほど人々が馬鹿にしたに違いないか。さらには、ディック・フォスベリーと彼の背面跳びを、周囲がどれほど笑ったか。

覚えておいてくれ。
『試すことは簡単だが、変えるのは難しい』
ということを。

これまで話した人たちはだれ一人、立派なビジョンを持って、それに向かって突き進んでいたわけじゃない。彼らはみんな、目標設定者でも計画立案者でもなかった。彼らは冒険者だったんだ」

それからマックスは、決して忘れられないだろう言葉で、私との会話のこの部分を締めくくった。

「困難はその一つひとつが、試行錯誤を始める合図だ。試すことはその一つひとつが、世の中への問いかけだ。答えはその一つひとつが、長く続く旅だ。旅のスケジュールは人生に任せておけばいい。きみの仕事は、荷物を軽くしてカメラを持っていくことなんだ」

それはともかく、と彼は言った。目を休めなきゃ。

私が異議を唱えなかったのは、すでに午前3時をまわっていたからだ。彼が浅い眠りをむさぼっている間に、私はこれまでの数時間に彼が話してくれたことを、思い出せる限り全部、夢中で書きとめようとした。

第13章

以前からあるアイデアを
いままでと違う場所に置けば、
新たなアイデアが生まれるんだ。

しばらくして、どんよりしていた空が明るくなり、弱々しい夜明けの訪れを告げた。と思うと、空港の電動カートが1台、キャーキャーとにぎやかな声とともに通りすぎ、私の連れが目を覚ました。

食材を補充できたレストランがないか確かめに行きませんかと、私から提案する。歩きながら、私は、アイデアの源として3つのリストを使っているとおっしゃいましたねと話を振った。

問題点のリストについてはすでに詳しく聞かせてもらった。次のリスト、つまり、いま行っている仕事のリストについてぜひ話してほしいと、私は頼んだ。

マックスが弱々しい微笑みを浮かべた。疲れているらしい。

私は、「話はあとでいいですよ、あなたの気分がよくなってからで」と言ったが、彼はこう答えた。

「おしゃべりをしてこそ、僕の気分はよくなる。創造的であることは混じりっけなしのカフェインだからね。気晴らしに、アイデアをいくつか生み出してみようか」

そう言うと、彼はけだるそうに歩いている警備員を呼び止め、話しかけた。

「この若い友だちに、マジックのやり方を教えなきゃならなくてね。アイデアをやすやすと生み出す方法を教えたいんだ」

警備員はマックスのことを変な人だと思ったに違いないが、通路を歩いているだけだったので、肩をすくめ、いいですよとうなずいた。

風変わりな老人は警備員に尋ねた。「教えてほしいんだけどね、きみがふだんああでもないこうでもないと工夫を凝らすのは、どんなときだろう？　もっとうまくできるようになりたいことが、何かないかね？」

警備員は、押し黙っていた。だが、かなり催促され、ようやくこう答えた。

「一つ、ありますね。仕事に遅れたとき、何か新しい言い訳を言えたらなと思います。思いつく限りの言い訳を使ってしまいましたから」

私は心の中で唸《うな》ったが、マックスは目を輝かせているようだった。紙とペンを出してくれと私に指示し、それから警備員を促す。最近した言い訳の中でいちばんのものを教えてくれないか。

「湯沸かし器が爆発した、というヤツですね」。警備員は即答した。

「管の劣化でボンと鳴って、業者が来るまでに丸1日、修理には次の日も数時間かかったっていう話をしました。仮病を使わなくて済みましたよ」

私はまた歩きたいなと思い始めていたが、マックスは2つ1組の言葉のリストをつくるようにと指示をした。最初のペアとなる言葉は、「湯沸かし器」と「爆発した」だ。それからマックスが警備員と私に言った。

「同僚がしていた遅刻の言い訳をあげてみてくれ。上手いか下手かはさておき、パッと頭に浮かんだものがいい」

言われるままに私たちは言い訳をあげていき、やがてその数は11になった。種類はさまざまだった。湯沸かし器の話や、飲酒運転で捕まって警察で供述しなければならなかった話のような、なるほどと思える言い訳もあれば、ワンピースがファスナーに挟まったために2時間遅れてしまったという女性の話や、飼っている犬が逃げ出して車の多い通りを走っていってしまったという男性の話のような、見え透いたものもあった。

言い訳をあげ終わると同時に2つ1組の言葉のリストも出来上がり、マックスがそれぞれの言葉の横に、2から12まで番号を振った。番号を振り終えると、リストを私たちに見せて言った。

「悪くはないけど、全然刺激的じゃない。あっと驚くことはね、2つのさいころに出た目の数を足したときに起こるんだ。

こういう具合だ。まず、2つのさいころを2度投げる。出た目の合計が、たとえば11と9になったとしよう。その数字が、新しい言い訳の出来事と登場人物になる。

つまり、11番の『年老いた叔母が電話してきた』が半分の要素に、9番の『犬が車の多い通りを走っていってしまった』がもう半分の要素になるわけだ」

マックスが続ける。

「そこで、『叔母さん』と『交通量の多い通りを走っていく』という部分をとって、話の土台にする。こんな感じだ。『年老いた叔母の近所の人から電話があって、こう言われたんです。あなたの叔母さんが車が来るのもお構いなしに道を渡ろうとしていましたよ、と。

その人は叔母を家まで連れて帰ってくれましたが、僕としてはとにかく駆けつけて、母が来て交代してくれるまで叔母のそばにいなくちゃ仕方がなかったんです』」

私たちはさいころを持っていなかった。それでマックスは、数字を2つ、適当に選んでくれと言った。できた組み合わせの中には、「配偶者」と「木に突き刺される」のような尋常さを欠くものもあった。ぎょっとするものもあった――「犬」と「爆発する」などがそうだ。

マックスがリストを警備員に渡し、いまの部分をまとめた。

「アイデアを生み出すテクニックをマスターできたかどうかは、はっきりわかるよ。きみの考え出した話を聞いて、上司がこう言ってくれたときにね。『それは本当に違いない――そんな言い訳、だれもしたことがないからな』」

私たちはまた歩き始め、マックスが私をじっと見てこんな質問をした。「いまの話からどんなことがわかったかね？」

「やり方を知っていれば、新しいアイデアなんてすぐに生み出せるってことですね」

「そう。じゃあ、新しいアイデアの源泉は何だろう？」

「古いアイデアです」

「そのとおり。

以前からあるアイデアを
いままでと違う場所に置けば、
新たなアイデアが生まれるんだ。

さっきあげてもらった言い訳の中には、ひどいのがあったよね。だけど、そんなのは問題じゃない――臭《にお》いのいちばんひどいゴミが、いちばんいい肥料になるんだから」

そして自分で言った言葉に大受けして笑う。

「本当かどうかは知らないけど、さもありなんって感じじゃないかね？」

マックスの話はさらに続いた。

「とにかく、あちこちを歩きまわってアイデアを拾っておくことだね。ちょうど、森を歩いて野イチゴを摘むように。そろそろ、先へ進んでもいいかな」

彼はまず、前に話したことをもう一度取りあげた。「仕事に関してやっていることをリストに書き出すという話をしたときに、僕がほんとに細かいところまで書くように言ったのを覚えているかね？」

もちろん覚えていますよ、と私は答える。

「多くの人は――」。彼が詳しく話し始めた。

「自分の仕事をあまりに狭いものに定義しすぎだ。町でいちばん高いエンジニアリング・スキルを持っていれば、自分は町いちばんのエンジニアだと思ってしまうんだ。だけど、優れたエンジニアであるためには、高い技術だけじゃなくいろんなものが必要だ。アイデアを売る能力もいる。みんなと一緒に働く能力も、話し合いをリードする能力も、無意味な話し合いを避ける能力も。――必要とされる能力は、それこそ何十もあるんだ。

だからこそ、しなければならないことを全部、リストに書き出し続けることが重要になる。そして仕事を再定義し続け、リストをどんどん広げていかなければならないんだ」

モハメド・アリ

「オーケー。最初の例をあげよう。モハメド・アリの話だ。彼はいいプロボクサーだった。だけど、いいプロボクサーなんて、いつの時代にもわんさといる。じゃあ、彼はどうやって世界的なヒーローになったのか。

彼がヒーローへの道を歩み始めたのは、プロボクサーという仕事は相手にパンチを食らわせるだけじゃなく、観客を大勢集めてこそだと気づいた日のことだった。ラリー・キングのインタビューが、僕は忘れられない。番組の中で、『チャンプ』は、『タレント』になるきっかけのことを話していた。

プロになりたてのころ、ルイスヴィルで試合があった。その数日前にアリは地方局のスポーツ・トークショーに出演した。その番組にはゴージャス・ジョージも呼ばれていた。アリの試合の翌日に同じアリーナでプロレスの試合があって、それでルイスヴィルに来てたんだ。

アリは聞かれた質問に、丁寧な口調で如才なく答えた――『ベストを尽くします』という、ありきたりな答えをね。次に司会者はゴージャス・ジョージに、試合について質問をした。

彼は吠えるような声で宣言した。『奴らをぶっ殺してやるぜ！　戦慄《せんりつ》と恐怖をルイスヴィルに持ってきてやる。土曜の夜にな！』

アリは試合をして、勝利を収めた。だけど気づいたんだ。自分が4万人のファンを集めたのに対し、ゴージャス・ジョージは13万人を動員したことに。

そのときから、アリのあの派手なパフォーマンスが始まった。まもなく彼は、どのラウンドで相手をノックアウトするか、試合前に宣言するようになった。対戦相手を嘲笑し、自分がどんなにすごいボクサーか自慢するようにもなった。つまり彼は、プロレスのサービス精神をプロボクシングに取り込んだんだ」

アリの話を、マックスはこう締めくくった。「聡明《そうめい》にも、彼は自分の仕事を広範に定義し、ほかのスポーツ選手から学べることに気づいたんだ」と。

それからマックスは、いましている仕事のリストを新たな試みのリストに変えるという、次のステップに注意を向けた。

「警備員と一緒に実践してみたのはね、アイデアを結びつけ直す楽しさをきみに伝えたかったからだ。僕はいつもああいうやり方で創造力を活性化し、じっくり考えてアイデアを生み出していた。きみもやってみるといい。ただ、その一方でぜひきみにやってほしいことがある。仕事のリストを手にしつつ、全世界に目を向けることだよ」

60ミニッツ

次に彼がしてくれた話に、私は引き込まれずにはいられなかった。私が欠かさず見ているテレビ番組、60ミニッツの話だったのだ。

マックスは、この番組が生まれた経緯を話してくれた。

「60ミニッツのプロデューサー、ドン・ヒューイットは、いままでにない番組をつくろうとしていた。そして彼は気がついた。テレビには、新聞の電子工学版というべき夜のニュース番組がある。ノンフィクションの本みたいなドキュメンタリー番組もある。だけど、雑誌に相当する番組は皆無だ……。ヒューイットは、テ、レ、ビ、版、の、雑、誌、をつくろうと思い立った。ひとたび頭の中にイメージが湧いたら——つまり、テレビ版の雑誌をつくるというアイデアが浮かんだら——、あとはマガジンラックのそばにしばらく立ってアイデアを集め、番組の中身を煮つめていけばよかった」

私ははたと思い当たった。「それって、言い訳を考える練習をしたときとそっくりですね――新しく結びつけ直してるんですよね、雑誌とテレビを」

「そのとおり。だけどそういうのはたえず起きてるんだよ。タブロイド紙とテレビを結びつけた『タブロイド・テレビジョン』もそう。テレビの放送システムを取り入れた新聞だってある――『USAトゥデイ』紙がその代表だね。きみがやるべきことはね、活用しようと思うことはどんなものでも活用すること、そして拝借できそうなアイデアをあちこち探すことなんだよ」

ツイッター

「おっと、忘れるところだった」。そう言って、マックスが飛びはねる。「もう一つ、例があるよ。きみみたいな若い人なら、面白く聞けるんじゃないかな。ジャック・ドーシーを知っているかね?」

聞き覚えはあったが、確信はなかった。「ツイッター社を設立した人の一人でしたっけ」

「そのとおり。もしきみが僕と同じタイプなら、初めてツイッターのことを聞いたとき、こう思ったはずだ。『何だ、それ？　そんなもの、だれが使うんだ？』。一体何だろうと、ものすごく頭を悩ませたんじゃないかね？」

私がうなずくより前に、マックスは意地悪い調子で「ハハ！」と笑い、それから詳しい話を始めた。

「ジャック・ドーシーは子どもの頃、言語障害があったらしい。そのために、一人でいることが多くなり、コンピューターと長時間向き合い、独学でプログラミングも覚えた。セントルイスの自宅近くに操車場があって、そこに列車が出入りする様子に、彼は夢中になった。やがて、警察の配車係が無線で話すのを聞くようになってね。彼らが簡潔かつ大量に情報をやりとりし、各自がどこで何をしているかを、つながっている全員に知らせていることに感動した」

マックスは次のようにポイントをまとめた。

「ドーシーの生い立ちを知ったあとなら、ツイッターを見てこう言うことになるだろう。

『あ、そうか。配車係のやりとりみたいなものなんだ。まさしく、一人の人間にとっての小さな一歩じゃないか』。こんなふうに、はじめは創造性に富む人類にとっての偉大な飛躍に見えても、実は、昔からあるアイデアが、なるほどと思える、ちょっと別のところに置き直されているものなんだ」

それから、社長やＣＥＯのアドバイザーたるマックス・エルモアは、私のささやかな仕事に注意を向けた。

「さっききみは、仕事のひとつは報告書を書くことだと言ってたよね。そう言ったとたん、きみは取り組むべき課題を持ったことになる。報告書をペンで書かないとしたらどうなるか。重要なところをポッドキャストに録音したらどうなるか。報告書に添えるデータについてはどうだろう。いまとは違う方法を採れないだろうか。そういう報告書を、他社はどう扱っているのだろう。日本の会社ではどうか。ドイツの会社はどうしているか。

ランチタイムに図書館へ行って、本や雑誌を書いている人たちがどんなふうにデータを報告しているか、調べてみるといい。ぜひそうしてごらん。きみは幸運の女神と一緒に昼食をとることになるよ。

アイデアがほかのアイデアを引き寄せることも忘れないでほしい。アイデアを集め、見本をつくって、きみの報告書を読む人たちのところへ持っていってごらん。そして、気に入ったアイデアがないかどうか尋ねるんだ。きみが質問するということ自体を彼らは喜ぶだろう。そして、新たな考えを示してくれるだろう。

彼らのところへ行って『これまでと違う、どんなことをすれば、報告書をもっとよくできるでしょうか』と尋ねても、たぶん彼らは何も答えられないだろう。だけど、きみがそのプロセスを始めたら、彼らにも言いたいことが出てくる。そして『悪くないね、まあこんなものだろう』なんて言っていた同じ人たちが突然、あれこれ考えを提示してくれるようになるんだ」

「多くの人はアイデアは持っていない。
でも、考えは持ってるんだよ」

第14章

きみが試すことに喜びを見出してくれるといいな

残るは、3つのうち最後の、仕事上のミスのリストだけだ。『これが最終である』という点について、マックスは軽く笑った。

「このリストは最後まで取っておかないとね。レベルの高い生徒のためのものだから。ほかの2つに取り組んで、それからこのリストに戻ること。それにこのミスのリストに戻るときは、感情や責任や怒りを横に置かなければならない。

小説家で大学教授でもあった故ジョーゼフ・キャンベルがよくしていた話がある。殺された領主の敵討ちに向かったサムライの話だ。

サムライが敵《かたき》を追いつめ、とどめを刺そうと刀を振りあげる。悔悟の念を持たない相手が、サムライの顔につばを吐きかける。サムライは、とどめを刺さず、身をひるがえし、刀を鞘《さや》に収めて歩き去る。いつの日かきっと仇《あだ》を討つと誓いながら」

この話にいったいどんな意味があるのか、私にはさっぱりわからなかった。

「彼が歩き去ったのは――」。マックスがポイントを話し出した。

「怒っていたからだ。それでは彼個人の怒りからとどめを刺すことになってしまう。そうなってしまわないように、彼は日を改めることにした。そうすれば、個人的な感情をまじえずに、主人《あるじ》の敵を討つことになるからね。ミスを見るときはね、こういうふうに、感情を抜きにして見なくちゃいけないんだよ」

この話に関しては、どうにもチンプンカンプンだった。せっかく、アイデアが生み出されるプロセスを理解できたと思ったところだったのに。私の当惑がわかったのだろう。彼は補足しながらあらためて説明してくれた。

「ミスというのは隠そうとしがちなものだ。だけどきみは、ミスをしても、それと向き合い、詳しく検討するだけの自制心を持たなければならない。恥だと思ったり怒りを覚えたりしてはダメなんだ。だから、時間をおいたほうがいい。さっきのサムライのようにね。

いつかきみは何か馬鹿なことをやらかすかもしれない……そうだな、文書ファイルに設定したパスワードを忘れてしまうとかね。でも時間が経って、自分自身やソフトウェア会社に対する怒りがおさまったら、きみはパスワードを再発見するためのソフトを開発するかもしれない。僕が出会ったある人は実際、そういうプログラムを書いて販売していた。結果をもたらすアイデアを、思いがけず見つけたんだ。すべてを言い尽くしてるよね、結、、、、、、、果をもたらすアイデアを思い、、、、、、、がけず見つけるというのは。

いいかい、きみ。僕が言おうとしていることは、習慣にするのに時間がかかるかもしれない。1カ月か1年、ひょっとしたら10年かかるかも。

前に、問題と仲良くなったらそれはもう問題じゃないってことで意見が一致したよね。問題の中を深く突き進んでごらん、そうすると反対側に、つまり『問題にあらず《アンチ・プロブレム》』に出る。冷静に見れば、ミスは単なる一つの問題なんだ。

失敗も同じこと。単なる大きな問題にすぎない。失敗の中を深く突き進むと、反対側に出るよ。『失敗にあらず《アンチ・ミステイク》』にね」

彼は片手をカップのように丸くして耳に当てた。

「聞こえたかね？　拍手の音がしたよ」

それからまたガッハッハッと大きな声で笑った。

「きみはいつかいいサムライになる。この僕が保証するよ」

そのとき、あの警備員――一緒に言い訳のリストをつくってくれた警備員――がやってきて、教えてくれた。まもなく空港が再開されます。いまならまだ、チケット・カウンターで順番待ちをせずにすみますよ。

それぞれのゲートに行く前に、マックスは最後のアドバイスとしてこんな言葉を贈ってくれた。

「きみが試すことに喜びを見出してくれるといいな」

「アイデアをいっぱい持つこと。ありとあらゆることをやってみること。明日は今日とは違う自分になること。そして朝を待ち焦がれる、困難に屈しない人になってくれ」

エピローグ

さよならを言ったのは5年ほど前のことだ。

それ以来、マックスとは直接会ったことはないが、話は何度かしてきた。彼はいま、オーストラリアで暮らし、息子が始めた会社を手伝っている。太平洋の向こう側で、彼も試してみることに励んでいる。その姿を想像すると、何だか楽しい。

帰りの飛行機の中で、私はマックスに促されたことをした。つまり、リストをつくった。彼の言うとおりだった――仕事としてしていることをすべて書き出し、私が出くわした、あるいは同僚から出くわしたと聞いた問題を残らずリストに連ねてみると、試すためのアイデアを生み出すのは簡単なことだったのである。

変わろうとし始めたとたん、至るところでアイデアが見つかった。たとえば、サム・ウォルトンの伝記を読むと、その本からだけで何十ものアイデアを得ることができた。ボブ・トマス著『ウォルト・ディズニー――創造と冒険の生涯』（玉置悦子／能登路雅子訳、講談社、２０１０年）という本からも、やはり何十ものアイデアを見つけられた。いまではあらゆる小説、あらゆるテレビ番組、あらゆるコマーシャルでさえもが、イノベーションの源泉になる可能性を持っている。

そして私は胸の中でこうつぶやく。「彼らが考え出したアイデアの、新しい組み合わせを見てみよう。うん、悪くない」

毎日違う自分になるというレベルにはまだ達していないが、私は絶えずさまざまなことを試し続けている。いやそれどころか、試し始めたとたん、アイデアのほうが私を探しにくるようになっていた。

シカゴでのあの夜から数週間としないうちに、私は、やり手だとか斬新なことをやる人だとか知り合う価値のある人だという評判を得た。
私はそういう評価に恥じない人間だった。なにしろ、アイデアがどんどん湧き出してきたし、それに、そう、私は大人になって初めて、生き生きと活力にあふれていた。どのようにしてそうなったか、今度はそれをお話ししよう。

私は一社員として、いつもの仕事に戻った。ただし、アイデアのリストを持っていたので、それをランチを食べながら非公式に上司に話した。部署をがらりと変えたいなどとは一言も言わなかった。ただ、いくつか試してみることが役立つように思うのですが、とだけ伝えた。

上司は私のアイデアをいくつか選び、自分の上司のところへ持っていった。するとこの上司が自身のアイデアを私のアイデアに加えた。突然、私の上司は私のことを、さらに上の上司の心を動かすのに役立つ人間として見るようになった。

数カ月もしないうちに、私は、私のためにつくられた新しい部署へ昇進し、特別プロジェクト部の部長になった。言い換えるなら、常時さまざまなことを試す職務を与えられたのである。

かつての同僚が代わり映えのしない報告書を機械的に書き上げている間に、私は最高幹部たちに会い、どうすれば会社をもっとよくできるかについて話し合った。ほどなく、私は信じがたいスピードで学びつつ、アイデアを求めてアメリカ中を飛びまわるようになった。

やがて私は自分の会社を興し、コンサルティングの仕事を始めた。世の中に蚊の数よりたくさんのコンサルタントがいることはわかっていた。問題を解決できなければならないことも、他社と違っていなければならないことも、わかっていた。

そこで私は、提供する特別なサービスを7つ考え出した。するとどうなったか。7つのうち6つは失敗だった。しかし7つ目は大当たりで、私は何十もの会社からプロジェクトの相談を受けるようになったのである。

試すのをやめることが一度としてなかったと断言できることを、私は誇りに思っている。クライアントは私たちが、試すことが大好きなのを知っているので、何か新しいことに挑戦してみたいと思うと私たちのところへやってきた。そうした革新的なプロジェクトが終了するたびに、私はクライアントに、あなたを共著者として、今回の挑戦を記事にまとめたいんですがと提案した。そうすると、業界紙にたえず広告を出すのと同じ効果を得られるのだ――宣伝費ゼロの広告だった。

会社の内部に関しては、社員は私が彼らの意見を求めていることを知っているので、みな、自分のアイデアをとにかく話したがった。一方で、仕事でどんな状況になろうと、落ち込みすぎる社員はいなかった。この世で永遠に続くものは何もないからである（私たちは、「完璧とは、ダメになる過程の第一段階だ」ということを、しばしば注意し合った）。

私は「ワニと仲良くなる」という考えの素晴らしさがわかるようにもなった。やがて、「問題にあらず《アンチ・プロブレム》」や「失敗にあらず《アンチ・ミステイク》」という発想も、なるほどと思えるようになった。いまでは、仕事上の大失敗は、自分たちを試す機会になっている。新たに獲得した大事なクライアントのプロジェクトに関して、スケジュールを思いっきり間違えたときがそうだった。

私は提示された期日を承諾したのだが、カレンダーを見間違えて、1カ月も早く報告書を出すことを約束してしまったのである――その日まで、8週間もなかった。ふつうなら12週間かかるところを、である。間に合うだろうか。昔ながらの方法でとにかく急げば、1週間か2週間は縮められるだろうが、そこまでだった。

そのとき、私たちは気がついた。2つのステップを1つにまとめれば、2、3週間短縮できることに。結果として、私たちは期日を守り、さらには未来のプロジェクトのために時間の節約の仕方も学んだ。

目を見張るようなアイデア、たとえばパソコンや電子レンジに匹敵するアイデアを生み出したとは言えない。しかし私たちの会社は、何百というちょっとしたアイデアを利用して、この業界のトップに躍り出たのだった。

思い起こせば、陰鬱だった私の気分は、一晩で活力あふれる晴れやかな気持ちへ一変した。文字どおり一晩で、である――オヘアでの、あのたった一夜で。そして、その活力あふれる晴れやかな気持ちは、なおも続いている。

いまでは私は自分のことを、困難に屈しない人間だと――変化にさえ立ち向かえるようになったと思っている。もしかしたら、あなたは私と仕事をしたいと思っているかもしれない。今日。ここで。いまこの瞬間に。このことを、どうか忘れないでいただきたい。変化は難しく、試してみることはたやすい、ということを。

付録　いますぐアイデアを生み出すためのアイデア集

マックスの教えをこの本にまとめるに先立ち、私は、あの夜オヘア空港でとったメモを効果的に使う方法を編み出した。まず、マックスの話や学びなさいと促されたことを自分なりにまとめた。さらに、思考を刺激する問いを加えた。以下に、「いますぐアイデアを生み出すためのアイデア集」と私が考えるようになった知恵のリストを紹介しよう。

最高のアイデアは、まぐれで生まれたり偶然手に入ったりすることが多いものの、新たなアイデアを早急に出すよう要求される場合はやはりある。たとえば、クライアントに次のように求められたとしよう。「新しいプロジェクトのために斬新なアイデアがほしい。

いい案を出してもらえないだろうか」。それも、「明日の朝までに、50の提案がほしい」と言われたとしたら。

簡単だ。以前からあるアイデアをいままでと違う場所に置けば、新たなアイデアが生まれる――そのことさえ忘れずにいるなら。

次のようにやってみよう。

Ⅰ　解決したい問題を設定する。

Ⅱ　1～12のリストにさっと目を通して、設定した問題と直接関連するアイデアとアイデアの組み合わせを探し、メモする。

Ⅲ　ひととおり終えたら、ふたたびリストに目を通し、アイデアとアイデアのさらなる組み合わせを探す。

1　薬屋のジョン・ペンバートンは、彼のつくったシロップ状の頭痛薬を若い2人の店員が飲んでいるのを見かけた。そのとき、コカ・コーラが「発見」された。

● 若者のエネルギーや創造性を、どうすれば引き込めるか。

● 既存の製品やサービスをだれに「いじって」もらったら、再発明につなげることができるか（スティーヴ・ウォズニアックがアップル・コンピューター第1号をつくったのは、コンピューター・クラブの仲間に自慢げに見せるためだった。あなたのまわりにも、同様のクラブがないか。子どもやティーンエージャーや学生から感想を聞かせてもらえる場はどうか）。

● 既存の製品を高校生や大学生に使ってもらい、意見を募れないか。

● 逆に、シニア世代はどうだろう。年配の人の考えに触れる場がないか。高齢者向けの施設を訪ねるべきではないか。

2

ウォルマートの創業者サム・ウォルトンは、販売促進に関して実にさまざまなことを試した。筆頭は、店外に商品を置いたこと。まずポップコーン製造機を、次いでアイスクリーム製造機を置いた。

- 製品やサービスを、どうすれば屋外へ持っていけるか。
- 通りがかりの人に、何かいつもと違うことが起きていると気づいてもらうには、どうすればいいか。
- 第一印象をよくするには、どうすればいいか。
- サム・ウォルトンはさらに、警備員を「グリーター（客を出迎え、挨拶する人）」に変えた。同様のことを、あなたの仕事でもできないだろうか。どうすれば顧客に挨拶することができるか（マイナーリーグのプロ野球チーム、セントポール・セインツのオーナーは、球場に入ってくるファンに挨拶する。それも、機械でシャボン玉をつくり、バブルシャワーをしながら）。

3　キャノンデール・バイシクルズがその社名になったのは、創業初日、従業員の一人が電話回線設置のために公衆電話から電話をかけたのがきっかけだった。電話会社の担当者に社名を尋ねられたが、小さな新会社にはまだ名前がなかった。名前がなくて

は電話を引けない。そのとき、ふと見上げて、キャノンデールという駅名の書かれた看板が目に入ったので、従業員はその駅名を答えた。結局、会社のみんなが気に入り、そのまま社名になった。

- 部屋を見回してみよう。どんなアイデアが、静かに待機しているだろう？
- 周囲にある製品やモノを、あなたはどのようにして手に入れたか。
- なぜ、いまいる場所を選んだのか。

4

チャイナ・ミスト・ティー社で抜群の人気を誇るフレーバーは「ミックスベリー」だ。フルーツ風味の紅茶をつくって残った３つの材料を、捨てずに混ぜ合わせることによって誕生した。

- 何かをつくろうとしていて出た残りもののなかで、まだ使えるかもしれないものがないだろうか。

● いままでは捨てられてきたけれども、別の使い方ができそうなものがないか。

ウェンディーズのデイヴ・トーマスは、レタスの芯を捨てずに活用する方法を探していた。社外のだれかに使ってもらうことを考えたが、あるとき、自分の店でサラダにすればいいじゃないかと気がついた。当時、ウェンディーズではサラダを提供していなかったのだ。

いまや、ウェンディーズで売られるサラダは、ほかのどのハンバーガーチェーンより多くなっている。

言うまでもないが、残りものは物理的な形がなくても構わないし、使用・活用されていない知恵や労働力やスペースでもいい。

● Uホールの創業者サム・ショーンは、「使われていないスペースと労働力を活用する」という主義を基本に、この会社を設立した。ガソリンスタンドで空いたスペースとぼんやりしている従業員を見て、そうした従業員に仕事の時間の一部を使ってトレーラーのレンタルをしてもらおうと考えたのだ。

●私は市場調査員をしており、企業の宣伝活動のために行ってきた広告テストの結果で、いつの間にか書類棚がいっぱいになっていた。それらをデータベース化したところ、新しい結果と古い結果を比較できるようになり、無価値だった昔のデータが突然、貴重な知恵に変わった。

5

私たちは弱点の補強にエネルギーの多くを注ぐが、強みをいっそう輝かせることにこそ大きな力がある。フルート奏者のジャン・ピエール・ランパルはこう言った。「コンサートで何回か、持てる力を尽くして、ある曲を完璧に演奏できたとします。そうしたら、翌日のコンサートではまた持てる力を尽くして、完璧の上を行く演奏をするんです」

●すでに完璧になっているのは、仕事のどの側面か。その側面をさらに素晴らしくするには、どうすればいいか。

6 デイヴィッド・ウィングは中小企業専門のコンサルタントだ。あるとき、サンフランシスコ市内にある、業績不振の紳士服店から相談を受けた。店内をしばらく見たのち、彼は3つの助言をした。

① 熱帯魚を入れた大きな水槽を置く。
② あらゆる商品を並べ替える。
③ 開店時間を早めて、通勤途中のビジネスパーソンに利用してもらえるようにする。

これらの助言は、印象をがらりと変えるという、ただそれだけを目的にしている。店内をまるっきり違う感じに見せることによって、客に新たな雰囲気のなかで、異なる角度から、商品を見てもらえるようにしたのである。

どんなことをすれば、あなたは、関わっている仕事をふだんと違うコンテクストへ移し、人々に目に留めてもらえるようになるか。これを考える際には、この問いから始めるといい。

- いま引き受けている仕事をするうえで、当たり前では「ない」場所はどこか。

それから次の点を考えよう。

- 別の場所に移せるもの、配置を換えられるものは何か。
- 印象を激変させるというただそれだけのために、どんなものを変えることができるか。

7

大学教授のクロード・オルニーは、『やる気があればAが取れる ***Where There's a Will, There's an A*** **』というビデオ教材を開発した。息子が大学でもっといい成績を取れるようにと工夫した結果、誕生し、ヒットした教材だ。**

- あなたはだれの役に立つことができるか。ほかにどんな人の役に立つことができるか。
- 家庭や家族は、仕事とどのように関係しているか。
- 仕事と家庭・家族をどのように結びつければ、相乗効果が生まれるか。

オルニーの教材がヒットしたのは、「もっと勉強しなさい」のようなありがちなアプローチを捨て、教え子のなかで特に優秀な学生の習慣に注目したからだ。

- 手助けが要らないのはだれか。なぜ要らないのか。だれに注目すればいいか。

8 ジョルジュ・ド・マエストラルがベルクロを発明したのは、羊毛のズボンにオナモミがしっかりくっついている様子を観察したのがきっかけだった。

- イライラすることをリストアップしよう。あなた自身のイライラと、あなたの大切な人たちのイライラを。

● イライラするものと仲良くなろう。ウェンディーズのデイヴ・トーマスがサラダを販売することになった経緯を思い出してほしい。あなたの頭痛の種になっているものを、だれになら売ることができるだろう？

9

走り高跳びの若い選手、ディック・フォスベリーは、「フォスベリー・フロップ（背面跳び）」をして、オリンピックで金メダルを獲得した。背面を反らせてバーを越えるこの方法を偶然編み出したのは、コーチが彼に見切りをつけた直後だった。彼は昔ながらの「はさみ跳び」に戻り、お尻がバーに当たらないように試行錯誤するなかで、その跳び方を「背面跳び」へ進化させたのである。

● 昔からある方法のなかで、いままた使えそうなものがないか。
● 古いデザインのなかにもないだろうか。
● 関連する仕事は、昔はどのように行われていたのか。

古い雑誌や新聞のなかにヒントがないか探してみよう。大規模なシェークスピア祭のリーダーが、こんな話をしていた。さまざまな時代の流行に関する本を日頃から集めておき、それらに目を通して、古典劇のための、思ってもみなかった素晴らしい舞台装置を新たにつくるのだ、と。

10

モハメド・アリは、プロレスラー「ゴージャス・ジョージ」のわめくような勝利予告を目の当たりにしたのをきっかけに、対戦相手を嘲笑し、自分がどんなにすごいボクサーかを大声で自慢するようになった。

- あなたはどんな大げさな自慢話をすることができるか(トーマス・エジソンは記者会見を開いて、まだ実現していない大発明を発表した——発明しなければというプレッシャーを、自分に与えたかったのである)。
- どんな突拍子もない未来を、あなたは予言できるか。
- 関連分野で評判を得ているのはだれか。それはなぜか。

アリはさらに、自分の仕事はボクシングをするだけでなく、観衆を惹きつけ楽しませることでもあると気がついた。

- 仕事を再定義しよう——狭めて捉えたり、広げて捉えたりしてみよう。
- 同僚の仕事を少し引き受けたら、あなたのプロジェクトの価値が高まる。それはなぜか。

11

プロデューサーのドン・ヒューイットは、テレビには本と新聞に匹敵する番組はあるが、雑誌と同等の価値を持つ番組がないことに気がついた。そして「60ミニッツ」を誕生させた。言い換えるなら、2つの古いアイデア——テレビと雑誌——をつないで、新たな組み合わせを生み出した。

- いつもとは違う場所や業界に目を向けて、自分のアイデアと結びつくアイデアを探そう。
- マスコミからアイデアを拝借できないか。
- 近くのショッピングモールからはどうか。

●ドラッグストアや食料品店の棚はどうだろう。

12

スティーヴ・アレンは、時代の最先端をゆく「トーク番組」を生み出した。わけても斬新だったのは、観覧者に参加してもらったことだ。ある日、来るはずのゲストが現れなかった。そこで彼は「ここに来てくださっているみなさんにインタビューします」と述べ、マイクを観覧席へ引っぱっていったのである。

●プロジェクトの調子を狂わせる事態をいくつか思い浮かべ、それぞれの事態にどうすれば立ち向かえるかを考えてみよう。

さて、これで、イノベーションの源となるアイデアのリストが出来上がった。いちばん好きなアイデアを1つ選び、残りのアイデア全部と順に組み合わせてみよう… とびきりのアイデアは、素晴らしいアイデアが2つ、組み合わさって生まれるのだから。

謝辞・情報源・参考文献

数年にわたって市場調査を行うなかでよかったと思うのは、謙虚さを身につけられたことだった。

評価すべき新しい製品や新しい広告キャンペーンを目の前にしたとき、私は何度となくこう思った。

「うわっ！　こんな失敗作を試すために、世間の人が金を払うだろうか」

だが、それがその年のヒット商品になることが一度ならずあった。同じことは、市場調査で評価の高かったものに対する私の予想にも当てはまった。そのため、私は自然と太っちょ《ファッツ》ウォラーの英知を受け容れるようになった。「人間なんかにわかるものじゃない。だろ?」

そういう気持ちで、私は週に一度、新聞にコラムを書いている。

一週一週が私にとってはちょっとした冒険であり、コラムを人々が読んでくれることを期待している。そして、周りと違うことや面白いことをしている人と会う機会を一度も逃すことなくここまできた。

そうした面白くて他と違う人たちの話を、本書では数多く紹介した。彼らが時間と英知を与えてくれたことに感謝する。

イノベーションについては、直接会って話を聞かせてもらっただけでなく、すでに活字になった話もおよそ20年にわたって集め続けてきた。本書に実例としてあげるために、私はそうした本を読み返した。そして、情報源のリストをつくっていて気がついた。参考図書を探している人にぜひにと勧めたいのが、リストに並んだのと同じ本であることに。

本書の執筆に大きな影響があったのは、F・J・レスリスバーガー、ウィリアム・J・ディクソン、ハロルド・A・ライトが共同で書いた、ホーソーン実験に関する優れた評論

『経営と労働者 *Management and the Worker*』である。オリジナルの著作権期間は1939年からだが、私がようやく手に入れたのは、1961年にハーバード大学出版局から刊行されたものだった。

本書で取りあげた著者とその著書にはほかにも、バートン・マルキール著『ウォール街のランダム・ウォーカー――株式投資の不滅の真理』(井手正介訳、日本経済新聞出版社、1999年)、P・R・ナヤック、J・M・ケタリンガム共著『ブレイクスルー!――事業飛躍の突破口』(山下義通訳、ダイヤモンド社、1987年)、ジョン・C・モーウェン著『個人的見解 *Judgment Calls*』(未邦訳、サイモン&シュスター社、1993年)がある。

これら3冊のうち、最後にあげた書籍は『成功のくじ運』と名付けた事柄について私が考えを深める手助けとなってくれたうえ、著者ドクター・モーウェンにインタビューしたときには、彼は親切にも、私がドン・クーパー医師――死んだ(と思った)患者の胸にパンチをくらわせた人だ――と話ができるよう計らってくれた。

以下にあげるのは、思いがけずイノベーションの話を見つけた本の数々である。

●**アップル・コンピューター**（53ページ）
ロバート・X・クリンジリー著『コンピュータ帝国の興亡』（藪暁彦訳、アスキー、1994年）
●**オーソン・ウェルズ**（127ページ）
ジャック・パー著『私の剣は曲がっている *My saber is bent*』（未邦訳、サイモン&シュスター社、1961年）
●**モハメド・アリ**（186ページ）
ラリー・キング著『キングに教えてよ *Tell It to the King*』（未邦訳、パットナム社、1988年）
●**60ミニッツ**（188ページ）
マイク・ウォレス／ゲイリー・ポール・ゲイツ著『近接遭遇 *Close Encounters*』（未邦訳、ウィリアム・モロー社、1987年）
●**サムライ**（194ページ）
ジョーゼフ・キャンベル／ビル・モイヤーズ著『神話の力』（飛田茂雄訳、早川書房、

１９９２年）

コカ・コーラ（68ページ）のようななじみ深い製品の開発ストーリーはあちこちで紹介されているし、企業のパンフレットにもしばしば掲載されている。製品開発がテーマの本で素晴らしいと思った2冊は、ジャック・ミンゴ著『あなたの知らないヒットブランドの本当の話――なーんだ47話』（大川修二訳、東急エージェンシー、１９９８年）、それにスティーヴン・ケイニー著『発明のおはなし *The Invention Book*』（未邦訳、ワークマン社、１９９４年）――子ども向けの素敵な本だ――である。

本書は、大勢の方のおかげで完成させることができた。

まず、私が新聞にコラムを書くのを、そして書き続けるのを助けてくれた人たちにお礼を申し上げる。私の作品を世に出す勇気を持ってくれたジム・フィッケスにも感謝する。

また、私のコラムを採用し、諸紙に発表してくれた大都市の編集者のみなさん――とりわけ、『セントルイス・ポスト・ディスパッチ』紙のフィル・ゲーテンズ、『ミネアポリス・

スター・トリビューン』紙のラリー・ワーナーとランディ・サラス、さらには、記事がキング・フィーチャーズによって数社に同時配信してもらえるようにはからってくれたジョン・ゲンザールとリチャード・ハイムリック——にも、お礼を申し上げる。

私に手紙を書いたり電話をしたりするのに時間を割いてくれる何千という読者のみなさんにも感謝に堪えない。そうした反響があればこそ、私は本書を書くことを決心できたのである。

私をマーグリット・マクブライド・リテラリー・エージェンシーに紹介してくれたのは、『ほめようはげまそう1001の知恵』(門田美鈴訳、かんき出版、1999年)の著者ボブ・ネルソンだった。そして、マーグリットと彼女のアシスタントのキンバリー・マクブライド、それにデイヴィッド・フューゲイトのおかげで、本書は、ほかのだれが担当した場合より格段に素晴らしい本になり、さらにヘンリー・フェリスの見事な編集手腕によっていっそう磨きがかけられた。

最後になったが、私と一緒にアイデアについて話し合ってくれた人々、原稿を読んでよりよいものにしてくれた人々、あるいは両方をしてくれた人々——ジョエル・ドーテン、ジム・フィッケス、マーク・ネルソン、テッド・ダナム、ロイド・マーフィー、メアリー・バローニ、トム・ヘンドリック、サラ・ハレル、レイ・カレスキー、ダン・シュヴェイカー、エドヴァルド・リチャーズ、ジーン・ウィノグラッド、レン・ハリス、マーク・クウォール、スティーヴ・パッチェン、フレッド・ブラウンフェルド、サンディ・ドーテン、とりわけ、マックスの魅力あふれる人柄と笑い声のモデルであるロジャー・アクスフォードに、心から感謝を申し上げる。

訳者あとがき

他人の成功を見るとき、わたしたちは何気なく口にしていないだろうか。ついてたよね、という言葉を。

陰にある努力を知ろうとせず、成功した部分だけに目を向けて羨《うらや》むこともある。才能のある人は違うなあ、と吐息まじりに。

そうした妬みとも僻《ひが》みともつかないものの見方を、本書に登場するビジネスの天才マックスは痛快なまでに否定する。そして、教えてくれるのだ。本当はわたしたちのだれもが、華やかな成功と隣り合わせで生きているということを。

格子縞のズボンにポロシャツ姿の老人マックスが、仕事にも人生にも行きづまりを覚えている「私」に対して展開する、一夜だけの講義。そこには、目から鱗の落ちる考え方がぎっしり詰まっている。「明日は今日と違う自分になる」、「遊び感覚でいろいろやって、成り行きを見守る」、「成功とは、右に倣えをしないこと」……。高みを目指したい。でもどうすればいいのかわからない。そんなわたしたちのもどかしさを、マックスは次から次へと実話を例にあげて、きれいに取り払ってくれる。試してみること。何度も「コインを投げる」こと。コカ・コーラもリーバイスのジーンズも、単なる偶然の産物ではない。ちょっとしたチャンスに気づいて、ものにできるかどうか。問題はそこなのだ、と。

成功は努力のたまものでもある。ある事柄が「完璧に」できるようになったら、次は「完璧の上を行く素晴らしさ」を目指す、というくだりは、印象的というより脱帽という思いである。「完璧とは、ダメになる過程の第一段階」。謙虚になって肝に銘じておきたい態度ではないだろうか。

引き込まれるようにページをめくりながら、わたしはかの有名なエジソンの言葉を思い出さずにいられなかった。

――天才とは、1パーセントのひらめきと99パーセントの努力である。

何度も何度も試みる。困難や失敗にめげず、絶えず試してみる。それは一種の努力だと思うが、いかがだろう。

なお、時が移り、本書・続編とも著者により本文が加筆修正されました。このたびの邦訳新版はいずれも、それらの原著に基づいています。あわせて、翻訳も全面的に見直しました。文字どおり新しい版を、皆様にお届けします。

最後になりましたが、新版の出版にあたっては、英治出版共同創業者の原田英治さん、同社の皆様に、どれほど感謝してもしきれません。細かく手直しした原稿を丁寧に見てくださったプロデューサーの齋藤さくらさん、素晴らしい装丁をしてくださったＨＯＬＯＮの三橋薫さん、素敵な装画・挿絵を描いてくださった宮岡瑞樹さん、この本のエッセンスを帯に示してくださった山中伸弥先生、関係するすべての皆様、ありがとうございました。

２０２５年４月

野津智子

［著者］

デイル・ドーテン　Dale Dauten

スタンフォード大学経営大学院在学中及び米国国立科学財団フェローとしてアリゾナ州立大学に関わる中で、成功者とイノベーションについて研究を重ねる。The Innovators' Lab を創設し、ジョージア＝パシフィック社、ジェネラル・ダイナミクス社、キャタピラー社、NASA など多くのリーディングカンパニーにコンサルティングを行っている。コラムを執筆しており、全米の 100 紙を超える新聞にキング・フィーチャーズ社によって配給されること、すでに 20 年以上。妻サンディとともに、アリゾナ州テンペに在住。

［翻訳］

野津 智子　Tomoko Nozu

翻訳家。主な訳書は『恐れのない組織』『チームが機能するとはどういうことか』『ロバート・キーガンの成人発達理論』『謙虚なリーダーシップ』『シンクロニシティ［増補改訂版］』（以上、英治出版）、『死ぬ気で自分を愛しなさい』（河出書房新社）、『5つのツール』（早川書房）など。「著者の声を正しく、わかりやすく、誠実に、読者に届けたい」と常々思っている。

＊英治出版からのお知らせ＊
本書に関するご意見・ご感想を E-mail（editor@eijipress.co.jp）で受け付けています。
また、英治出版ではメールマガジン、Web メディア、SNS で新刊情報や書籍に関する記事、イベント情報などを配信しております。ぜひ一度、アクセスしてみてください。
メールマガジン：会員登録はホームページにて
Web メディア「英治出版オンライン」：eijionline.com
X / Facebook / Instagram：eijipress

仕事は楽しいかね？［新版］

発行日	2025 年 5 月 9 日　第 1 版　第 1 刷
著者	デイル・ドーテン
訳者	野津智子（のづ・ともこ）
発行人	高野達成
発行	英治出版株式会社 〒 150-0022 東京都渋谷区恵比寿南 1-9-12 ピトレスクビル 4F 電話　03-5773-0193　　FAX　03-5773-0194 www.eijipress.co.jp
プロデューサー	齋藤さくら
スタッフ	原田英治　藤竹賢一郎　山下智也　鈴木美穂 下田理　田中三枝　平野貴裕　上村悠也　桑江リリー 石﨑優木　渡邉吏佐子　中西さおり　荒金真美 廣畑達也　佐々智佳子　太田英里　清水希来々
装丁	HOLON
装画・挿絵	宮岡瑞樹
校正	小林伸子
印刷・製本	中央精版印刷株式会社

ISBN978-4-86276-351-8　C0030　Printed in Japan